누구나 할 수 있는
편의점 창업
매뉴얼

김병우 지음

현직자의 특급 노하우 공개

누구나 할 수 있는 편의점 창업 매뉴얼

발행 2023년 04월 16일

저자 김병우

펴낸이 한건희

펴낸곳 주식회사 부크크

출판사등록 2014.07.15.(제2014-16호)

주소 서울특별시 금천구 가산디지털1로 119 SK트윈타워 A동 305호

전화 1670-8316

이메일 info@bookk.co.kr

ISBN 979-11-410-2301-0

www.bookk.co.kr

누구나 할 수 있는
편의점 창업 매뉴얼

김병우 지음

CONTENTS

6단계 점포 오픈

Part. 3

입지 및 상권 분석

Part. 4

브랜드 선택

프롤로그

왜 편의점 창업일까?

현재 우리가 살아가고 있는 대한민국에는 메이저 프랜차이즈 편의점만 해도 60,000점이 넘게 있으며, 앞으로 편의점으로 바뀔 확률이 높은 동네의 크고 작은 슈퍼까지 합하면 그 숫자는 실로 엄청나다고 할 수 있겠다. 시간이 지날수록 새로운 상권에서의 창업보다는 기존에 슈퍼를 운영하던 분들이 경쟁에서 밀려 편의점으로 업종을 변경하는 경우가 계속해서 늘고 있다. 바야흐로 프랜차이즈, 그중에서도 편의점 천국이라 할 수 있을 정도이다.

실제로 우리나라 자영업 중 카페, 치킨집과 함께 주변에서 가장 흔하게 접할 수 있는 3대 업종이 편의점이며, 메이저 프랜차이즈를 통한 단일 브랜드 규모로는 편의점이 단연 으뜸이라 할 수 있겠다.

그렇다면 왜 이렇게 우리 주변에는 편의점이 우후죽순 많이 생겨난 것이며, 편의점의 원조라 할 수 있는 일본보다도 인구당 점포 수가 많을 정도의 포화 상태임에도 불구하고 계속해서 오픈이 늘어나고 있는 이유는 무엇일까?

그 해답은 바로 특별한 기술이 필요 없다는 '접근성'과 비교적 저렴한 '투자금' 그리고 투자금에 대한 '안정성'에서 찾을 수 있다.

그렇다면 우선 편의점 창업에서 얘기하는 접근성부터 살펴보도록 하자. 편의점은 일반적인 타 업종에 비해 창업 문턱이 상당히 낮다. 다시 말해, 상대적으로 쉽게 오픈할 수 있는 업종이다. 예를 들어, 꽃집을 차린다고 생각해 보자. 여러분은 다양한 꽃의 종류를 모두 암기해야 하며, 해당 꽃의 특성 역시 세밀하게 알아야 한다. 또한 그 꽃들이 잘 살아갈 수 있도록 온도 및 습도를 잘 맞춰 주어야 하고, 고객들에게 잘 팔릴 수 있도록 다른 매장보다 예쁘게 포장하는 노하우도 익혀야 한다.

그렇다면 꽃과 관련된 프랜차이즈 본부가 있다고 해도 과연 이러한 기술을 쉽게 배워서 단기간에 꽃집을 오픈할 수 있을까? 당연히 생각보다 쉽지 않을 것이다.

그러나 편의점은 상황이 조금 다르다. 편의점의 주요 업무인 상품 진열과 매장 청소는 성실함과 부지런함만 있다면 특별한 기술 없이도 가능한 일이다. 또한 카운터 계산 역시 누구나 시간을 조금만 투자하면 금방 배울 수 있는 업무이다. 바꿔 말하면, 남녀노소 누구나가 마음만 먹으면 단기간에 어렵지 않게 편의점을 창업할 수 있다는 뜻이다.

물론 그렇다고 편의점을 오픈한 후 운영하는 것마저 쉽다는 뜻은 절대 아니다. 오히려 상품에 대한 발주 및 진열, 청소, 스태프 관리 등 단순히 노동량으로 따진다면 웬만한 다른 업종에 비해서도 상당히 높은 수준이라 할 수 있다.

두 번째 이유로는 가장 핵심이라고 할 수 있는 투자금을 들 수 있다.

아는 사람들은 이미 알겠지만, 편의점은 창업에 들어가는 비용이 상당히 저렴한 편이다. 단순히 주변에서 흔히 볼 수 있는 다른 프랜차이즈 업종과 비교해 봐도 치킨집(BBQ, 교촌 등)은 1억 원 내외, 카페(이디야, 컴포즈, 메가커피 등)는 1억 원 중반, 빵집 및 아이스크림 전문점(파리바게뜨, 배스킨라빈스)은 3억 원 정도의 비교적 많은 투자금이 필요하다. 그러나 편의점은 물론 지역(서울 및 수도권/지방)과 가맹 조건(임차형/점주 임차형)에 따라 들어가는 금액이 조금씩은 다르겠지만 대략 5,000~8,000만 원 정도면 충분히 창업이 가능하니 비용적인 측면에서 보자면 상당히 매력적이다.

그렇다면 프랜차이즈 편의점이 다른 업종에 비해 투자금이 이렇게나 월등히 저렴한 이유는 무엇일까?

해답은 바로 창업에 필요한 공사 비용의 주체가 누구냐에서 찾을 수 있다. 좀 더 구체적으로 말하자면, 편의점은 오픈을 위한 공사를 진행하는 데 필요한 6,000~7,000만 원 정도의 비용을 점주가 아닌 본부가 직접 투자한다. 즉, 공사에 필요한 큰 금액을 점주가 직접 부담하고 진행하는 보통의 일반적인 자영업과는 다르게 편의점은 모든 비용을 본부에서 먼저 처리하고, 점주에게는 60개월이라는 의무 계약 기간 동안 대여한다는 개념으로 생각하면 쉽다(공사에 대한 감가상각 역시 점주가 아닌 본부 손익에서 60개월로 나눠서 처리한다). 이렇듯 편의점은 매장 공사에 필요한 비용이 전혀 들지 않으니 당연히 초기 투자금이 저렴할 수밖에 없다. 다만, 추후 다시 설명하겠지만 이러한 공사 비용의 면제가 단순히 좋은 점만 있는 것은 아니다. 이는 점주가 60개월 동안 의무적으로 편의점을 운영해야 한다는 일종의 강제성을 내포하고 있는 만큼, 좀 더 신중히 접근하길 바란다. 만약 점주가 오픈 후 60개월 이라는 의무 계약 기간을 채우지 못한다면 남아 있는 공사 인테리어 잔존가, 집기 철거 보수비 그리고 위약금까지 물어내야 하는 최악의 상황을 맞이할 수도 있기 때문이다.

마지막으로는 안정성에 대해 살펴보도록 하겠다.

여기서 말하는 안정성이란 투자금과 관련이 있다. 여러 프랜차이즈를 포함한 일반적인 업종의 자영업을 하기 위해서는 초기 공사에 필요한 상당한 액수의 비용이 들어가기 마련이다. 즉 시작부터 많은 돈을 들여 매장 내외부 공사를 진행하고, 다행히 처음부터 매출이 좋으면 상관없겠지만, 혹여 매출이 저조하여 폐점이라도 하게 된다면 남아 있는 인테리어 및 집기 등의 폐기 처분으로 인해 금전적으로 상당한 손실을 안을 수밖에 없다.

그러나 편의점은 위에서도 언급했듯이 독특한 시스템으로 초기 공사 비용을 본부에서 투자하므로 점주가 약속한 60개월의 의무 계약 기간만 제대로 이행한다면 만료 후 손해가 전혀 발생하지 않는다(물론 집기에 대한 철거 보수비는 일부 발생한다).

또한 점포에 대한 임대차 계약의 주체가 본부인지 아니면 점주인지에 따라 차이는 있겠지만, 두 가지 가맹 조건 모두 투자금이 없어지는 것이 아니라 나중에 다시 돌려받을 수 있는 담보(보증금)의 개념으로 본부에 맡겨 놓는 방식인 만큼 역시 안전하다고 할 수 있겠다. 즉 약속한 가맹 계약 기간 60개월 동안만 정상적으로 운영한다면 그 기간이 끝난 후 운영을 그만두더라도 투자금의 70% 정도는 안정적으로 다시 본부로부터 회수할 수 있다.

더욱이 점포에서 판매하고 있는 상품 역시 폐점하기 전까지 고객에게 판매하거나, 다른 점포로의 이동(술, 담배 등) 및 본부 반품을 진행하여 일정 금액을 돌려받을 수 있으니, 처음에 본부에 지급하는 가맹비 770만 원을(부가세 포함) 제외하면 실제로 완전히 없어지는 투자금은 거의 없다.

결론적으로 누구나 특별한 기술 없이 쉽게 운영할 수 있다는 접근성과 다른 업종에 비해 상대적으로 저렴한 투자금, 그리고 그 투자금의 대부분을 다시 회수할 수 있다는 안정성이라는 장점이 합쳐져 편의점 창업이 폭발적으로 증가하는 결과를 가져오게 된 것이다. 그리고 특히 이러한 이유로 인해 경기가 좋지 않았던 1998년 IMF와 같은 불황기나 2022년 코로나19로 인한 침체기에는 오히려 편의점이 더 큰 호황을 누릴 수 있는 계기가 되기도 했다.

편의점 창업에 대한 오해와 진실

주변에서 편의점 창업에 관해 이야기를 나누다 보면 흔히들 오해하는 것이 몇 가지 있다. 물론 그중에는 정확히 진실인 내용도 있지만, 반대로 잘못 알려진 오해도 있기에 제대로 확인하지 않고 창업에 도전했다가는 자칫 큰 손해를 볼 수도 있다. 특히 여러 가지 내용 중 금전적인 문제에 관해서는 더욱 예민하다고 할 수밖에 없는데, 프랜차이즈 편의점은 점주가 상품을 판매하여 얻은 매출액을 전부 가져가는 일반적인 다른 업종과는 다르게 매월 발생하는 이익금을 와 점포가 배분하여 나눠 갖기 때문이다. 이러한 구조로 인해 서로에 대한 신뢰를 바탕으로 운영하기 위해서는 편의점의 기본적인 시스템에 대해서는 어느 정도 알고 시작하는 게 좋으며, 추후 가맹 재계약을 체결하는 데 있어서도 좀 더 효과적으로 진행할 수 있을 것이다.

① 편의점 본부는 점포의 매출이 저조하여도 이익을 얻을 수 있다

앞뒤가 전혀 맞지 않는 말이다. 놀랍게도 이러한 잘못된 정보는 편의점을 잘 모르는 일반적인 사람들뿐만 아니라 어느 정도 편의점에 대해 안다고 할 수 있는 오래된 기존 점주들에게도 들리곤 하는데, 그 이유는 바로 점포와의 이익금 배분 시 본부가 지출하는 비용에 대한 항목은 전혀 포함하지 않기 때문이다.

예를 들어, 프랜차이즈 편의점은 보통 매월 발생하는 매출 이익액(총 매출액 × 이익률)에서 가맹 조건에 따라 60:40 혹은 70:30 등의 방식으로 점포와 본부가 이익금을 나누어 갖는다. 이 이익금에서 다시 점

포는 임차료 혹은 인건비, 전기료 등을 차감하고, 는 초기 공사에 대한 감가상각 비용과 점포에 지급하는 각종 지원금을 제외한 뒤 순이익을 계산한다. 그러나 간혹 점포 비용만 신경을 쓰고, 위에서 언급한 에 대한 각종 비용은 전혀 고려하지 않은 채 단순히 30~40%의 이익을 가져간다고 생각한다면 당연히 잘못된 사실이라고 할 수 있다. 결론적으로 점포의 매출이 저조하면 당연히 점주뿐만 아니라 배분율로 이익을 가져가는 본부에도 마이너스 손익이 발생하게 되는 것이다.

② 편의점은 다른 업종에 비해 폐점률이 낮은 편이다

 어느 정도는 맞는 말이다. 다양한 매체의 데이터를 확인해 봤을 때 편의점의 폐점률은 5% 내외로, 일반 타 업종에 비해 상당히 낮은 편이다. 이와 반대로 매장의 평균적인 운영 기간은 비교적 높게 나타나고 있다. 그러나 간혹 이러한 단순 자료를 바탕으로 편의점은 꽤 안정적일 거라고 판단하여 창업을 희망하는 사람들이 있는데, 창업에 대해서는 다시 한번 천천히 고민해 볼 필요가 있다.

 그 이유는 바로 프랜차이즈 편의점만의 독특한 시스템인 의무 계약 기간이 있기 때문이다. 즉, 편의점은 일단 가맹 계약을 체결하고 문을 열면 무조건 60개월(적게는 48개월)은 의무적으로 운영되어야 한다. 물론 운영하는 중에 잔여 개월 수에 따른 위약금과 남아 있는 인테리어 잔존가 및 집기 철거 보수비를 본부에 지급한다면 가맹 계약을 해지할 수 있지만, 그 금액이 상당히 크기 때문에 일부 매출이 저조한 점포의 경우 울며 겨자 먹기 식으로 운영을 계속할 수밖에 없다.

결국 이렇게 쉽게 해지할 수 없는 가맹 계약 조건에 따라 편의점의 폐점률은 낮게 나타나고, 이에 따라 자연스럽게 운영 기간이 늘어나는 것이니 단순히 눈에 보이는 수치만 보고 무작정 창업에 도전하는 것은 위험하다.

③ 편의점 창업의 시작은 브랜드가 아닌 입지이다

지극히 당연한 사실이다. 이 이야기를 하는 이유는 간혹 편의점을 하기 위해 가장 먼저 CU, GS25 등 브랜드부터 확인하고 상담을 하는 경우가 있기 때문이다. 물론 그렇다고 브랜드가 중요하지 않다는 얘기는 절대 아니다. 해당 브랜드의 이미지, 매출액, 이익률, 상품의 종류에 따라 매출이 어느 정도는 달라지기 때문에 브랜드는 편의점 창업 시 상당히 중요한 요소이다. 다만 순서를 바로잡을 필요가 있다. 입지를 먼저 다진 후에 브랜드를 골라야 한다.

다시 말해, 메이저 편의점별 창업 설명회에 참석하고 점포 소개를 받을 때는 브랜드에 따른 시스템 및 지원금, 각종 점주 혜택보다도 점포가 어디에 위치하는지를 제일 먼저 고려해야 한다. 만약 점포의 임대차 계약을 직접 맺어서 점주 임차형으로 운영하고 싶다면 창업 설명회에 가기 전 좋은 위치의 물건부터 확보하는 게 우선이다.

특히나 아직까지 우리나라 편의점은 특출난 PB상품이 아니라면 콜라, 새우깡, 신라면 등 대부분 비슷한 상품들을 위주로 판매하기 때문에 브랜드보다는 위치가 좋은 상권을 누가 먼저 선점하냐에 따라 상당한 매출 차이가 발생하게 된다. 따라서 반드시 창업하기 전 해당 상권에서 최소 며칠 동안 머무르며 차량 및 사람들의 이동 동선과 주변 세대수 정도는 확인해야 한다.

④ 편의점 운영으로 많은 돈을 벌 수 있다

마지막으로는 편의점 운영에 따른 수익적인 부분으로 매월 얼마 정도를 벌 수 있느냐에 대해 알아보겠다. 당연히 자영업을 시작하려는 대부분의 사람들은 많은 돈을 벌고 싶어 하며, 편의점을 선택한 예비 점주들 역시 예외는 아닐 것이다. 다만 여기서 우리가 주의해야 할 부분은 바로 투자 대비 가성비를 따져야 한다는 점이다. 투자 비용은 낮고 매출은 높은, 거기에 안전하기까지 한 사업은 세상 어디에도 없다(물론 초기 좋은 위치에 입점하여 매출이 높은 점포도 있지만, 확률상 그런 점포를 평균으로 생각하기엔 오류가 생기기 마련이다).

그리고 편의점은 초기 투자 비용이 다른 업종에 비해서도 상당히 저렴한 편이니, 당연히 점포의 이익금이 비교적 낮을 가능성이 크다. 더욱이 요즘처럼 메이저 편의점끼리 오픈 경쟁이 심한 상황에서는 매출이 높은 점포의 창업은 더욱 어려워지고 있는 게 안타까운 현실이다. 그러니 편의점 창업을 생각하면서 많은 돈을 벌겠다는 생각보다는, 적은 비용으로 그리고 안정적으로 적당한 수익을 창출하겠다고 생각하는 쪽이 편의점 시스템에 대한 이해가 더 높다고 할 수 있겠다.

이렇듯 편의점을 창업하기 전에 따져 보아야 할 사항들에 대해 살펴보았다. 특히 편의점은 투자금이 저렴하다는 특성상 쉽게 오픈하려는 경향이 강하기 때문에 여기저기 많은 수의 점포가 생겨나고 있지만, 기본적인 내용조차 모르고 운영하다 보니 그 폐해 역시 만만치 않게 발생하고 있다. 예를 들어, 총수입[1] 최저 보장 제도가 무슨 뜻인지, 메이저 편의점별 구체적인 장단점은 무엇인지, 초기 지원해주는 장려금은 어느 정도가 적당하며 어떻게 협상을 해야 하는지, 상권에 대한 분석은 어떤 순서로 진행해야 하는지, 계약서는 주로 어떠한 항목 위주로 꼼꼼히 봐야 하는지 등의 내용이 바로 그것들이다.

그러나 안타깝게도 본부와의 가맹 계약이 체결된 후에는 이러한 불만들을 아무리 얘기한다 해도 들어줄 사람은 아무도 없으며, 바뀌는 것 역시 없을 것이다. 그러니 반드시 중요한 사항에 대해서는 시간을 들여서라도 충분히 분석하고 비교한 후 신중히 창업에 도전하기를 바란다.

---

[1] 편의점을 운영하면서 일정 수익에 미치지 못할 시 본부에서 금전적으로 일부를 지원해주는 보장 제도

Part 1.
편의점에 대한 이해

편의점의 시작은 언제부터일까?

현대인의 생활 속 깊숙이 자리 잡고 있는 편의점의 역사는 우리가 생각하는 것보다 훨씬 오래되었다. 대부분의 사람들이 편의점의 시작이라고 알고 있는 세븐일레븐 재팬(SevenEleven Japan)은 사실 일본이 아닌 미국에서 시작된 기업이다.

즉, 1927년 설립된 미국 텍사스주의 사우스랜드 아이스(Southland ice company)라는 기업이 바로 세븐일레븐 재팬의 모태인 것이다. 이 회사는 기업명에서도 알 수 있듯이 처음에는 본업에 충실해 얼음만을 팔던 곳이었는데 고객들의 요구로 우유, 빵, 달걀 등을 함께 팔며 점차 편의점이라는 새로운 사업 분야를 개척하게 되었다(당시에는 가정집에 냉장고가 없었기 때문에 사람들은 얼음 가게에서 얼음을 사서 식료품이 상하지 않도록 보관했다). 1946년 당시로는 획기적인 방식으로 일주일 내내 아침 7시부터 밤 11시까지 문을 열었고, 세븐일레븐이라는 이름도 바로 여기서 유래된 것이다.

그 후 1973년 세븐일레븐 재팬의 CEO인 스즈키 도시후미는 미국 출장 도중 사우스랜드사의 가능성을 발견하고, 즉시 계약을 맺어 1974년 일본에 1호점을 개장했다. 그리고 잇달아 편의점을 오픈하여 1980년에는 1만 점포, 92년에는 2만 점포를 돌파하고, 현재는 55,000여 점포가 전국에서 운영되고 있다.

편의점의 시초가 미국이라면 그것을 더욱 발전시킨 나라는 바로 일본이다. 일본 최초의 편의점은 도쿄 토요스(豊洲)에 오픈한 세븐일레븐으로, 1974년 5월에 처음 문을 열었다. 초창기에는 이름 그대로 아침

7시부터 밤 11까지 운영했으며, 일본에서 편의점이 24시간 영업을 시작한 것은 1975년 5월부터였다. 먼저 오사카의 세븐일레븐 직영점에서 테스트 영업을 했고, 몇 년 동안의 테스트 기간을 거쳐 1978년에는 전국적으로 24시간 영업을 하게 되었다. 특히 80년대 후반은 각 편의점의 점포 수가 최고조에 이르러 세븐일레븐, 훼미리마트, 로손 등 브랜드 간의 경쟁이 심해진 시기이기도 한데, 하나의 점포를 오픈한 뒤 그 주변으로 계속해서 오픈을 늘려나가는 '도미노 방식'으로 개발을 진행했기 때문이다. 이러한 출점 방식은 점포를 일정 구역에 집중시킴으로써 상품을 더욱 효율적으로 납품하고, 지역 주민에게는 친숙함을 선사할 수 있다는 특징이 있다.

그 후 1990년대에 들어서며 일본의 거품경제가 붕괴되고 경기는 나빠졌지만, 이 시기에도 편의점은 오히려 활발하게 점포 수를 늘렸고 편의점 업계는 지금도 계속해서 성장하고 있는 추세이다(물론 2023년 현재는 노령화로 인해 점포 수 및 매출이 정체기에 머무르고 있지만, 노인들을 위한 로봇 배달 및 다양한 업종과의 협업을 통해 새로운 시대에 대비하고 있다).

그렇다면 우리나라는 어떨까? 우리나라 최초의 프랜차이즈 편의점은 1989년 5월 서울 송파구 방이동에 오픈한 이래 지금까지도 운영 중인 세븐일레븐 올림픽선수촌점이다(1982년에 '롯데세븐 1호점'을 포함하여 3개의 점포를 열기도 하였으나, 우리나라의 여건에서는 시기상조였는지 적자로 인해 1984년 모두 폐점하였다).

그 후 1990년 1월에는 훼미리마트(현재의 CU)가 1호점인 가락시장점을 오픈하여 편의점 시장에 도전장을 내밀었고, 같은 해 12월에는 LG25(현재의 GS25)가 경희점을 오픈해 순수 국내 브랜드의 시작을 알리며 본격적인 3사의 경쟁 구도로 접어들게 되었다. 특히 우리나라의 편의점은 2010년대 이후 점포 수와 매출액이 빠르게 증가했는데, 그 원인으로는 서울 및 수도권 주변 인구 밀도와 1인 가구수의 증가를 들 수 있겠다. 그리고 이렇게 성장한 프랜차이즈 편의점 수는 21년 12월 말 기준 51,000여 점 수준이며, 그 성장세 또한 계속해서 증가하고 있다. 또한 몇 년 사이 CU, GS25, 이마트24와 같은 국내 메이저 편의점이 몽골, 말레이시아, 베트남 등 해외로 활발히 진출하며 그 확장성은 계속해서 커지고 있다.

 다만 이러한 가파른 성장으로 인해 발생하는 폐해 역시 크다고 할 수 있는데, 대표적인 것이 바로 무분별한 오픈으로 인한 점포당 이익 부진이다. 즉 현재 우리나라의 인구 및 면적 당 편의점 수는 일본을 추월한 상태이고, 그 증가 속도도 상당히 빠르게 진행되다 보니 점점 새로 오픈하는 신규점에서 높은 매출을 기록하기 어려운 경우가 많아지고 있는 것이다.

편의점 시스템에 대해 알아보자

 편의점 창업을 희망하는 가장 큰 이유 중 하나는 바로 운영의 편리함(단순함) 때문이라고 할 수 있다. 특히 개인이 아닌 프랜차이즈 편의점 같은 경우 운영에 필요한 다양한 시스템을 갖추고 있어 나이와 성별에 상관없이 누구나 손쉽게 점포 관리를 할 수 있게 되었고, 이로 인해 편의점 창업은 노년의 은퇴자뿐만 아니라 대학을 졸업한 지 얼마 되지 않은 비교적 젊은 세대도 시작할 수 있어 해를 거듭할수록 그 수가 계속해서 증가하고 있다.

다만 아무리 시스템이 완벽하게 갖추어졌다고 해도 주의할 사항이 몇 가지 있다. 위에서 언급한 장점만을 생각한 채 자칫 기본적인 편의점 구조조차 알아보지 않고 무턱대고 창업에 도전했다가는 오히려 운영에 어려움을 느낄 수 있으니 신중히 고민해야 한다.

특히 원재료나 공사에 대한 수수료가 아닌 배분율로 수익을 나누는 프랜차이즈 편의점은 오래전부터 가장 정교하게 만들어진 시스템을 사용하고 있으므로, 일반적인 업종과는 상당히 다른 부분이 있기에 반드시 사전에 알아보고 시작하기를 추천한다.

① 편의점은 24시간 운영을 기본으로 한다

다들 알고 있는 사실이겠지만 편의점은 기본적으로 24시간 운영을 원칙으로 하고 있다. 물론 요즘에는 19시간(06시~01시)만 운영하는 편의점이 조금씩 늘고 있지만, 아직 편의점의 90% 이상은 24시간 운영이 보편적이다(CU, GS25, 세븐일레븐 등 메이저 편의점들은 가맹 계약 시 19시간 운영과 24시간 운영의 두 가지 방식 중에서만 선택할 수 있으며, 점점 야간에는 무인으로 운영하는 하이브리드 시스템을 확대하고 있는 추세이다).

또한, 여기에 24시간 운영을 할 수밖에 없는 이유가 한 가지 더 있는데, 바로 와 나누는 배분율의 차이가 생기기 때문이다. 즉, 같은 위치에 오픈하더라도 19시간 운영이냐 24시간 운영이냐에 따라 점주가 받을 수 있는 이익금이 달라진다. CU를 예로 들자면, 내가 직접 임대차 계약을 맺은 후 정해진 70(점포):30(본부)의 가맹 조건으로 계약을 체결하려 한다면 24시간 운영은 그대로 70%의 배분을 받을 수 있지만, 19시간 운영의 경우 이보다 5%가 적은 65%로 가맹 계약을 체결하게 된다. 운영 시간을 줄이면 매출도 그만큼 줄어들고, 거기에 배분율도 감소하기 때문에 야간 인건비를 고려하더라도 점포의 이익금이 상당히 줄어들 수밖에 없다.

더욱이 요즘같이 계속되는 오픈으로 경쟁이 치열해지고 있는 편의점 업계에서 주변의 모든 점포가 24시간 운영을 택하는데 혼자 19시간만 운영하는 것은 여간해서는 쉽지 않은 일이며, 설령 운영한다 해도 시간이 지남에 따라 경쟁에서 밀려 결국에는 폐점하게 되는 최악의 상황을 맞이할 가능성이 높아진다.

② 매일 본부로 당일 매출액을 송금한다

24시간 운영과 함께 편의점의 가장 중요한 시스템이라고 한다면 바로 매일 진행되는 매출액의 본부 송금이라 할 수 있겠다. 일반적으로 개인이 자영업을 하거나 혹은 프랜차이즈로 음식점이나 치킨집, 카페 등을 운영할지라도 판매되는 매출액은 당연히 점주의 수익으로 바로 연결되는 게 일반적이나, 편의점은 상품을 판매하여 발생하는 매출액을 점주가 가지지 않고 매일 본부에 송금해야 한다.

 즉 편의점 본부는 점포가 원활히 운영될 수 있도록 매일 상품을 공급해 주고, 점주는 매출액의 전부를 매일 본부로 송금하여 본부가 이를 정산한 후 매월 정해진 날에 본부로부터 정산금을 지급받는다. 다시 말해, 점주는 매일의 매출액(상품 매출액+부가세) 및 판매 장려금, 대행 수납금, 대행 판매, 기타 잡수입 등의 합계 금액을 본부가 지정한 금융 기관에 개설된 계좌로 송금해야 한다.

 또한, 이러한 '일일 송금' 시스템은 매일 송금해야 하는 번거로움이 있으며 이를 지키지 않을 시에는 지연에 따른 가산금이 발생하기도 한다. 이는 약속을 어김에 따라 본부에서 부과하는 일종의 벌금으로, 송금하지 않은 금액이 많을수록 가산금이 커지는데 이를 '송금지연가산금'이라 부른다.

 예를 들어, 미송금액의 지체 하루당 年 20% 비율로 계산한 위약금이 부과되는데, 만약 8월 1일에 150만 원을 미송금하고, 2일에 170만 원을 미송금한 뒤 3일에 전액 송금했다고 가정하면,

· 1일 150만 원 × 20% ÷ 365일 = 822원

· 2일 320만 원 × 20% ÷ 365일 = 1,753원

 이렇게 해서 점주에게 부과되는 송금지연가산금은 총 2,575원이 되는 것이다.

③ 매월 점포의 이익금을 본부로부터 받는다

앞서 살펴보았듯, 편의점은 본부에서 점포의 이익금을 매월 지정된 날에 점주에게 지급하는 독특한 시스템으로 운영된다. 아무리 프랜차이즈라 하지만 엄연히 독립된 하나의 사업체이고, 점주 개인이 운영하는 독자적인 점포이기 때문에 이해가 되지 않을 수 있겠지만, 편의점은 수익을 나누는 방식이 배분율이기 때문에 어쩔 수 없는 것이다.

이러한 시스템을 좀 더 구체적으로 살펴보자면, 매일 점주가 본부로 일매출을 송금하면 본부에서 월말에 각종 비용에 대한 회계 처리를 한 뒤 다음 달 특정일에 이익금을 점포로 다시 지급하는 방식인 것이다 (매출 이익에서 배분율대로 수익을 나누고, 여러 가지 비용과 수입을 계산하여 점포의 최종 이익금을 산출한다). 그리고 점주는 가맹 조건에 따라 이 이익금에서 다시 임차료 및 전기료, 인건비 등을 제외한 순이익을 가진다.

이러한 이유로 인해 일부 점주들 사이에서는 편의점 점주는 사장이 아니라 본부가 부려먹는 월급쟁이 같다는 불만이 나오기도 하지만, 정산서를 제대로 검토할 수만 있다면 직접 수입과 지출의 복잡한 과정을 거치지 않고 본부에서 일괄적으로 알아서 해 주니 오히려 편하게 회계적인 문제를 해결할 수 있다는 장점으로 받아들여도 좋을 것이다.

④ 주 1~2회 영업 담당에게 컨설팅을 받는다

마지막으로는 편의점만의 장점으로 매주 정기적으로 본부 영업 담당에게 받을 수 있는 다양한 컨설팅을 꼽을 수 있겠다. 일반 개인 자영업을 하는 경우 매출이 하락하거나, 새로운 마케팅이 필요하거나, 모르는 것이 있거나 할 때 하나부터 열까지 혼자 방법을 찾아내야 하지만, 편의점은 나름 전문가라고 할 수 있는 영업 담당이 점포에 방문해서 함께 고민하고 문제를 해결해 주는 것이다. 이러한 담당을 부르는 명칭은 GS25에서는 OFC(Operation Field Counselor), CU는 SC(Store Consultant), 세븐일레븐은 FC(Field Counselor)로 편의점마다 조금씩 다르지만, 점포에서 진행하는 업무는 크게 다르지 않다.

즉, 보통 주 1~2회 정도 점포에 방문하여 점주들과 면담을 하는데, 금주에 해야 할 업무들이나 전주에 있었던 특이사항 등을 점검하며 앞으로의 운영 방향에 대해 논의하는 게 그들의 주 업무 내용이다. 또한 점포 운영을 하면서 모르는 사항이나 고객의 클레임 등이 발생하면 즉시 유선상으로도 상담 및 처리가 가능하기 때문에 상당히 유용하고 편리한 지원 시스템이라 할 수 있겠다.

불황일수록 편의점 창업은 오히려 늘어난다

코로나19 이후, 계속해서 오르기만 하는 물가와 높은 금리 등으로 인해 대부분의 자영업자들은 안팎으로 상당한 고통을 받고 있다. 다시 말해, 원재료의 가격이 오르니 당연히 가공된 상품이나 음식의 가격을 올릴 수밖에 없고, 상품 판매가가 오르니 고객 방문 횟수가 줄어 매출이 하락하는 악순환의 반복이라 할 수 있겠다. 더욱이 점포를 열기 위해 은행에 빚이라도 진 상황이라면 매월 늘어나는 원금과 이자로 인해 운영을 하면 할수록 오히려 적자가 늘어나는 아이러니한 상황이 발생하기도 하며, 여기에 매년 증가하는 인건비는 자영업을 하는 점주들을 막다른 골목까지 내몰고 있기까지 하다. 그리고 이렇듯 돈이 말라가는 상황에서는 아무리 치킨집이나 카페와 같은 대형 프랜차이즈라 할지라도 점포 수를 늘리는 것이 상대적으로 예전에 비해 어려울 수밖에 없다.

그렇다면 편의점 업계의 상황은 어떠할까?

신기하게도 편의점의 오픈 숫자는 경기가 좋지 않을수록 반대로 점점 늘어나는 추세를 보인다. 실제로 기업이 도산하고 실업자가 쏟아지던 IMF 시기인 1998년과 버블이 붕괴되었던 2010년 경기 침체 그리고 누구도 예상하지 못했던 2020년 코로나19까지, 불황기만 되면 편의점은 오히려 창업을 희망하는 예비 점주뿐만 아니라 점포당 매출에 있어서도 호황을 누리며 승승장구하는 모습을 보인다.

① 편의점 창업은 투자금이 저렴하다

　불황에 프랜차이즈 편의점 오픈이 늘어나는 가장 큰 원인은 바로 상대적으로 저렴한 투자금이다. 경기가 좋지 않을수록 사람들은 당연히 돈이 없을 것이며, 많지 않은 투자금으로 새롭게 점포를 열고 자영업을 시작하기란 여간해서는 쉽지 않을 것이다. 특히 우리가 잘 알고 있는 파리바게뜨나 배스킨라빈스, 서브웨이 같은 대규모 프랜차이즈의 경우 최소 2~3억 원 정도는 있어야 창업을 할 수 있으며, 투자금이 조금 저렴하며 누구나(?) 한 번쯤 생각한다는 교촌치킨, BBQ 같은 치킨집의 경우도 1억 원을 웃도는 투자금이 필요하다.

　그러나 프랜차이즈 편의점은 어떠한가?

　물론 가맹 조건이나 임대차 조건에 따라 약간씩은 다를 수 있지만, 대략 5,000~6,000만 원 정도만 있으면 충분히 점포를 오픈할 수 있으니 돈이 마르는 불황기에 상대적으로 쉽게 도전할 수 있는 매력적인 창업 아이템 중 하나인 것이다. 또한 다른 규모가 큰 자영업을 운영하다 망해서 마지막 남은 자금으로 편의점 창업에 도전하는 사람이 많은 이유도 이 때문이라 할 수 있다. 즉, 초기 6,000만 원 정도의 공사 비용을 본부가 전액 지급하는 편의점 특유의 시스템은 창업에 필요한 초기 투자금을 감소시켜 불황기에 급격한 성장을 일으킨 가장 주요한 원인이 된 것이다.

② 편의점은 크게 망할 일이 없다

　한마디로 말해 편의점은 많이 먹고 많이 뱉는 구조가 아닌, 적게 먹고 적게 뱉는 안정적인 저축과 같은 업종이다. 초기에 공사 등 많은 투자를 하고 점주가 이익의 전부를 가져가는 시스템이 아니라 본부에서 많은 비용을 선처리하고, 가맹 계약 기간 동안 매월 매출 이익금을 배분율로 나눠서 다달이 회수하는 방식이기 때문이다(실제로 새로운 브랜드의 프랜차이즈 편의점이 생기기 쉽지 않은 이유는 이렇듯 본부의 많은 초기 비용으로 인해 점포 수가 어느 정도 생기지 않는 한 적자가 발생할 수밖에 없는 구조적인 문제 때문이다).

그리고 이러한 구조이다 보니 당연히 편의점 점주의 수익은 일반 다른 업종에 비해 낮을 수밖에 없지만, 대신 중간에 폐업하지만 않는다면 공사에 대한 손실 역시 거의 없게 된다. 즉, 점주는 부담 없이 운영에만 집중할 수 있는 것이다.

또한, 오픈 초기 본부에 지급하는 가맹비 770만 원(부가세 포함)을 제외하면 대부분의 금액을 담보 개념으로 투자하기 때문에 나중에 돌려받을 수 있다는 안정성도 있다. 이러한 이유로 편의점은 매출만 어느 정도 나와서 가맹 계약 기간을 유지할 수만 있다면 크게 망하거나 손해를 보는 상황은 생기지 않는다.

③ 빈 상가(폐업)의 증가로 편의점의 수가 늘어난다

불황기의 또 다른 특징이라고 한다면 바로 많은 폐업으로 인해 비어 있는 상가가 많다는 점을 들 수 있다. 그리고 이러한 환경이 편의점 창업에 있어서 오히려 기회가 되는 것이다.

편의점은 일반 다른 업종과는 다르게 해당 점포의 상권을 보호해 주는 거리의 범위가 넓지 않다. 예를 들어, BBQ나 교촌치킨 같은 프랜차이즈 치킨집의 경우 매출이 발생하는 일정 구역을 지정한 후 새로 오픈할 매장이 기존에 운영 중인 매장과 범위에서 중복된다면 추가로 오픈시키지 않는 조건이 있다. 그러나 편의점은 이러한 상권 보호에 대한 개념이 어느 업종보다도 약한 상황으로, 새로운 점포를 오픈할 때 자사와는 250m, 타사와는 100m의 거리만 넘기면 아무 문제없다.

더욱이 편의점은 다른 업종과 달리 기술을 배울 필요도 없기 때문에 새로운 예비 점주를 물색하는 데도 상대적으로 수월하여 자연스럽게 불황기에 오픈하는 매장이 늘어나는 것이다.

코로나19 이후, 달라진 편의점

2020년 코로나19가 시작된 이후 우리의 삶은 이전과 많이 달라졌다. 마스크는 생필품이 되어 버렸고, 밖에서 여러 명이 즐기던 회식이나 모임은 자제하는 분위기로 바뀌었다. 반대로, 집에서 간단히 즐기는 '홈술'의 개념이 확대되어 와인이나 위스키 종류의 주류 판매가 늘어나는 등 삶의 방식에 있어서 전반적으로 큰 변화가 일어나고 있다.

그렇다면 현대인들의 생활 속에 깊숙이 자리 잡고 있는 편의점은 어떠할까? 만약 바뀌고 있다면 어떠한 모습으로 변화되고 있는 것일까? 이러한 변화 추세를 파악하는 건 편의점뿐 아니라 모든 업종의 창업이나 운영에 있어서 상당히 중요하다고 할 수 있겠다. 어떻게 변화하느냐에 따라 매출이 나올 만한 상권이 달라지고, 팔아야 할 상품이 바뀌기 때문이다. 그러니 편의점 창업을 희망한다면 단순히 예전을 생각하고 접근하다가는 잘못된 선택으로 적자를 볼 수 있으니 특히 주의할 필요가 있다.

그럼 지금부터 주로 어떠한 부분에서 편의점의 변화가 이루어지고 있는지 하나씩 살펴보도록 하겠다.

① 선호하는 입지가 바뀌고 있다

기존에는 높은 매출을 노릴 수 있어 학원가나 대학가, 유흥가를 선호했지만, 코로나19 이후부터는 인기가 떨어졌다. 물론 코로나19가 완화되면서 해당 입지의 점포들도 조금씩 매출이 회복되고 있는 편이지만, 언제 또다시 제2의 코로나19와 같은 현상이 발생할지 모르는 상황에서는 매출의 기복이 큰 유흥가나 학원가의 인기가 예전만큼 높기는 힘들 것이라 전망된다.

특히 코로나19가 한창 전성기일 때는 여러 명이 모이는 것 자체가 불가능했기 때문에 술집에는 사람이 텅텅 비었고, 그 주변에 위치한 편의점 역시 매출이 급격히 하락하게 되었다. 또한, 중고등학교를 포함한 대학가 등 학원가의 점포들 역시 온라인 수업이 확대됨에 따라 학생들이 학교에 등교를 하지 않으니 당연히 매출 급감이라는 결과를 맞이할 수밖에 없었다.

그렇다면 이러한 두 입지가 예전에 상당히 높은 매출을 올릴 수 있는 인기 있는 입지였다면, 지금은 어떠한 입지가 인기를 얻고 있을까? 바로 빌라 및 아파트 인근에 위치한 가족 주택 입지이다.

물론 예전에도 주택가 인근에 위치한 편의점은 어느 정도의 안정적인 매출을 올릴 수 있는 입지로 선호하는 입지 중 하나였으나, 코로나19 이후 그 인기와 매출은 더욱 높아졌다. 코로나19 이후 마트 이용을 불편해하는 고객들이 집 앞 편의점에서 필요한 물건만 조금씩 구매하는 경향이 강해졌고, 회식의 자제로 인해 '홈술'이 퍼지면서 퇴근하기 전 편의점에 들러 가볍게 맥주나 와인 등을 사는 횟수가 늘어났기 때문이다.

② 판매되는 상품이 달라지고 있다

코로나19는 편의점에서 판매되는 고회전의 상품마저 바꿔 놓았는데, 그중 가장 대표적인 것으로 바로 술이다. 위에서도 언급했듯이 코로나19로 인해 회식 등 사람들이 모여 술을 마시는 자리가 급격히 줄어들었고, 그 대신 집에서 혼자 가볍게 즐기는 문화는 늘어나게 되었다. 그렇다 보니 코로나19 이후 와인의 매출이 급격히 상승했고, 모든 메이저 편의점들은 기존점에는 와인 전용 진열대를 추가하고 신규점에는 벽면에 와인존을 별도로 구성하는 등 많은 노력을 기울이고 있다. 또한 젊은층들을 위한 위스키나 칵테일의 판매량도 늘어 예전에 비해 다양한 종류의 양주를 구비하고 있는 점포들이 늘어나고 있다.

다음으로는 간편식(도시락, 삼각김밥, 샌드위치 등)의 매출 상승을 들수 있다. 코로나19 이후 여럿이 모여 같이 음식을 먹는 게 부담스러워짐에 따라 소규모 혹은 각자 점심을 먹는 문화가 형성되었고, 이에 따라 편의점 도시락의 판매가 상승하게 된 것이다. 거기에 코로나19가 끝나가는 요즘에는 엄청난 물가 상승으로 인한 점심값 인상으로 인해 부담을 느낀 사람들이 5,000~6,000원 내외의 편의점 음식으로 식사를 대신하는 경우가 늘고 있다. 뿐만 아니라 집에서 간단히 먹을 수 있는 햇반이나 컵반 등의 상온즉석식 역시 매출이 지속적으로 상승하고 있다.

③ 마지막으로는 마스크, 세정제 등 위생용품의 등장이다

예전에는 이러한 마스크, 물티슈, 손 세정제 등의 위생용품들은 구색 상품으로 자리만 차지할 뿐 매출은 거의 일어나지 않는 카테고리 중 하나였다. 그러나 이제는 없어서는 안 될 중요한 상품이 되었다. 특히 마

스크는 코로나19 확산 초기에 공급 부족과 계속되는 수요로 상품이 없어서 못 팔 정도였으며, 이에 덩달아 손 세정제의 판매도 동시에 증가하는 현상을 보이기도 했다.

또한 기존에는 전혀 판매하지 않았던 자가진단키트도 함께 판매하며 추가적으로 매출이 발생하는 등 코로나19가 전국적으로 확대되는 순간에도 편의점은 초기에만 약간 주춤했지 오히려 계속해서 매출이 상승하는 웃픈 현상(?)이 발생했다.

물론 지금은 실외 마스크 착용 의무가 해제되고 실내에서도 착용을 권유하는 수준으로 제재가 약해지고 있지만 아직까지도 코로나19 확진자 수가 늘고 있기 때문에 위생용품은 이제 편의점의 중요한 카테고리로 자리 잡게 된 것이다.

④ 일하는 시간이 늘어나고 있다

코로나19로 인한 매출 하락과 인건비 상승으로 인해 편의점 역시 점주들의 근무 시간이 계속해서 늘어나고 있다. 요즘에야 다행히 코로나19 확산도 점차 줄어들고 이에 따라 편의점의 매출도 다시 높아지고 있지만, 매년 인상되는 최저임금으로 인해 인건비는 상당한 부담으로 느껴질 수밖에 없다. 특히 24시간 동안 운영해야 하는 편의점의 경우 비용에서 인건비로 지출하는 금액이 상당히 큰 업종으로, 최저임금이 인상될수록 그 부담은 배가되는 것이다.

이러한 이유로 요즘은 운영 중인 점포에서도 19시간 운영으로 변경을 요청하거나, 아예 신규로 오픈할 때부터 19시간 운영을 원하는 예비 점주들이 계속해서 늘어나고 있다(일부 메이저 편의점은 이러한 사회에 분위기에 맞춰 야간에는 무인으로 운영되는 하이브리드 시스템을 점차 확대하고 있다). 그러니 편의점을 오픈하고 싶다면 반드시 인건비를 최대한 높게 예상해서 손익을 산출해야 운영하면서 생기는 생활비 부족을 막을 수 있을 것이다.

편의점 운영이 나와 맞을까?

편의점을 운영하기 전에 반드시 확인하고 넘어가야 할 중요한 것이 한 가지 더 있는데, 바로 편의점이 나와 맞느냐이다. 언뜻 보면 별것 아닌 것 같지만, 자칫 모르고 진행했다가는 60개월 내내 몸은 망가지고 성격은 괴팍해질지도 모른다. 편의점 운영을 단순히 겉으로만 보이는 서비스 업종에 깔끔하게 계산 업무만 하는 것으로 생각한다면 큰 오산이기 때문이다. 실제로 계산하는 업무는 전체 편의점 업무 중 20~30%밖에 안 될 만큼 기타 부수적으로 해야 할 일들이 상당히 많으니 반드시 사전에 확인하고 창업을 해야 할 것이다.

① 사람들과 웃는 얼굴로 대화하기를 즐긴다

편의점을 운영하다 보면 생각보다 다양한 사람들을 많이 만나게 된다. 특히나 편의점은 특성상 다른 업종에 비해 고객당 지출하는 비용인 객단가가 낮은 반면 방문자가 많은 사업이다 보니 상대적으로 여러 사람을 만날 수밖에 없다.

상황이 이렇다 보니 사람들과의 대화에 익숙하지 않은 상태에서 편의점을 운영하게 되면 상당히 어려움을 겪게 된다. 물건을 구매하고 동전이나 카드를 던지는 사람, 찾는 물건이 없다며 화를 내는 사람, 가격이 비싸다며 클레임(시비)을 거는 사람 등 정말 가지각색의 사람들이 모이는 곳이 바로 편의점이기 때문이다.

또한 일반적인 음식점이나 카페와는 달리 편의점은 상품의 가격이 저렴하고 방문하는 고객이 많아 점주가 쉴 수 있는 시간도 그다지 많지 않다. 계속해서 고객이 방문하기 때문에 제대로 점심을 챙겨 먹기도 쉽지 않다. 그러니 사전에 반드시 이러한 서비스 업종이 본인에게 잘 맞는지 한 번 생각해 보길 바란다.

② 몸으로 하는 일이 적성에 맞는다

편의점은 생각보다 몸을 쓰는 일이 많다. 겉으로 보기에는 카운터에서 고객이 물건을 가지고 오면 계산이나 하면 되는 깔끔한 서비스업처럼 보일지 몰라도 그 이외의 시간은 전혀 그렇지 않다.

아침 8~9시에 출근을 하면 우선 야간 시간대에 상품이 판매되어 비어 있는 매대를 채워야 하고, 다시 필요한 상품을 발주해야 한다. 그리고 10시 전까지 해당 발주 업무가 끝나면 밤사이 더러워진 시식 공간, 라면 국물 통, 점포 앞 등을 청소한다. 그리고 이러한 업무들이 끝나면 바로 점심시간이 되어 직장인 혹은 학생들이 몰려오기 시작한다(물론 입지마다 점심 혹은 저녁 등 고객들이 몰리는 바쁜 시간대가 다를 수 있다). 그러면 점주는 꼼짝없이 카운터에서 계산을 할 수밖에 없다. 그런 다음 다시 고객이 빠져나간 시식 공간을 청소하면 이제 발주했던 상온 상품들이 점포에 들어온다. 그러면 점주는 해당 상품들을 검수하고, 진열이 끝나면 그제야 여유가 조금 생겨서 쉴 수 있다.

손목 터널 증후군을 앓는 편의점 점주가 많은 이유는 이렇듯 다양하고 과중한 업무들 때문이다. 그러니 체력에 대해 어느 정도 자신이 있어야만 편의점을 운영하는 데 수월하다고 할 수 있겠다.

③ 돌아다니는 것보다 실내에 있는 걸 좋아한다

편의점을 운영하다 보면 가장 힘든 날이 바로 남들이 즐거워하고 기다리는 설, 추석과 같은 명절 시즌일 것이다. 일하려는 스태프들이 없으니 점주가 직접 근무 시간을 늘리거나, 근무가 가능한 스태프가 있다 해도 연휴 기간에는 시급을 올려 주길 원하니 이 또한 당연히 부담으로 다가올 수 있다.

그러니 당연히 점주들은 명절 기간 내내 근무하는 경우가 허다하고, 그러다 보니 명절에 친척들끼리 다 같이 모여서 편하게 식사 한 번 하는 게 쉽지 않다. 이렇듯 편의점의 24시간 운영은 점주들의 활용할 수 있는 시간과 움직일 수 있는 공간을 차단한다는 치명적인 단점이 있다. 실제로 일부 점주들 중에는 편의점 운영이 힘들다기보다는 답답하다는 이유로 어려움을 호소하는 경우도 있다.

다음으로는 편의점을 운영하면 마음 편하게 여행 한 번 가기도 쉽지 않다. 물론 어느 정도 업무가 익숙해진 점주라면 스태프들에게 맡기고 가긴 하지만, 이 역시 매일 진행해야 하는 발주로 인해 업무에서 완전히 벗어날 수 있는건 아니다. 즉, 매일 아침 10까지 해야 하는 상품 발주로 인해 여행을 가서도 노트북을 켜고 발주하는 점주들을 꽤 많이 보아 왔다(상품은 매일 있어야 하니 매일 발주해야 하는 건 당연하다). 이러니 당연히 편의점을 운영하는 점주들은 하루 이틀은 몰라도 장기간 떠나는 여행은 생각하기 쉽지 않으며, 간혹 영업 담당에게 발주 및 정산 등의 업무를 부탁하고 떠난다 해도 어느 정도의 부담은 있는 것이다.

Part 2.
편의점 창업 과정

1단계 창업 설명회

브랜드별 가맹 조건을 확인한다

편의점 창업을 고려하고 있다면 먼저 알아야 할 중요한 내용이 하나 있는데, 바로 가맹 조건에 대한 부분이다. 편의점은 임대차 계약을 누가 하느냐에 따라 가맹 조건이 달라지고, 이렇게 정해진 가맹 형태에 따라 점주와 본부가 매월 가지고 가는 배분율이 달라지기 때문에 금전적인 면에서 가맹 조건은 중요한 요소 중 하나이다.

편의점 브랜드마다 부르는 명칭은 약간씩 다르지만 보통 점주가 건물에 대한 임대차 계약을 하고 본부와 가맹 계약을 하는 경우는 '점주 임차형'이라고 하고, 본부가 임대차 계약을 먼저 하고 추후 운영할 점주를 모집하는 형태를 '본부 임차형'이라고 한다.

그럼 지금부터 이러한 점주 임차형과 본부 임차형 가맹 계약의 차이와 장단점에 대해서 알아보도록 하겠다.

① 공격적인 주식형 스타일의 점주 임차형 가맹 계약(배분율↑, 위험↑)

점주 임차형 가맹 조건은 한마디로 말하자면 적극적으로 투자하는 주식에 비유할 수 있다. 즉 내가 원하는 자리의 상가를 직접 건물주와 임대차 계약을 체결하고, 마음에 드는 편의점 브랜드(GS25, CU, 세븐일레븐 등)를 자유롭게 선택하는 방식이다. 이러한 방식의 가맹 조건은 브랜드를 마음대로 선택할 수 있다는 장점이 있어 오픈 초기 본부와 나누는 배분율의 협상에서도 상당한 우위를 가질 수 있다(메이저 편의점별로 개발 직원들과 면담을 하고, 그 중 가장 조건이 좋은 브랜드를 선정하면 되기 때문이다). 다시 말해, 주변 상권, 유동 인구, 경쟁점 현황 등 모든 사항을 점주 스스로 찾고 분석하고 결정하는 공격적인 방식이라 할 수 있겠다.

다만, 이러한 점주 임차형 방식은 건물주가 아니거나 상권 분석이 아직 미숙한 초보자에게는 상당한 위험 부담이 뒤따른다. 바로 오픈 후 매출이 저조한 경우이다. 즉 야심차게 오픈하였으나 매출이 저조할 경우 임차료에 대한 부분을 전액 감당해야 하는 점주 임차형 방식은 점주 입장에서는 상당히 부담스러울 수밖에 없으며, 본부와의 배분율에서 조건이 조금 더 좋다고 해도 매출이 낮다면 이 금액 역시 생각보다 크지 않기 때문에 벌어들이는 이익보다는 지출 비용이 더 발생하는 최악의 상황이 발생하는 것이다.

또한 가맹 계약 기간 만료 후 또는 운영 중 폐점할 경우, 점포 원상 복구에 대한 책임 역시 임대차 계약을 맺은 점주에게 전적으로 부과되기 때문에 초보자라면 좀 더 신중한 선택을 하기를 바란다(원상복구의 경우 건물주가 해당 점포를 편의점 오픈 전 상태로 돌려놓도록 하는 행위를 말하며, 비용 및 시간적인 부분에서 상당히 까다로울 수 있다).

※ 보통 점주 임차형의 배분율은 초기 공사에 대한 투자비를 누가 부담하느냐에 따라 점포와 본부가 80:20 혹은 70:30으로 나누는 경우가 일반적이다.

〈GS25〉 - GS 1

가맹 유형		GS1 Type
계약조건	최종 경영주 수익 배분율	최대 73% (특약 83%)
	경영주 수익 배분율	66%
	24시간 영업장려금	5%
	영업활성화 장려금	최대 2%
	계약 기간	5년
	담보 설정	5,000만 원
	각종 지원 제도	차별화 상품 폐기 지원 · 상품 판매 · 발주 장려금 · 미오출 보상금
	수익 추구 특약	10%

〈CU〉 - PURPLE 1, PURPLE 2

가맹형태		PURPLE 1	PURPLE 2
계약조건	최종 점주 수익 배분율	최대 80%	최대 70%
	점주 수익 배분율	75%	65%
	24시간 영업장려금	5%	5%
	계약 기간	5년/7년/10년 중 택1(기간별 차등수익 적용)	
	담보 설정	3,600만 원	5,000만 원
	각종 지원 제도	상품 발주 장려금 / 결품 보상금	

〈세븐일레븐〉

구분		A타입	A+타입	기본투자형
계약 조건	경영주 수익 (24시간)	65%~	최대 73%	80%
	경영주 수익 (19시간)		68%	75%
	계약 기간	5년		5, 7, 10년 중 택1
	담보 설정	5,000만 원		5,000만 원
	각종 지원 제도	20% 폐기 지원(신규 오픈점의 경우 추가 지원) 각종 장려금(발주장려금, 결품보상금 등) 상온/냉장상품 폐기 지원금		

〈이마트24〉

구분		P1	P3
계약 조건	월회비/가맹수수료 (VAT별도)	월회비 160만 원	월회비 65만 원
	계약 기간	5년	5년
	담보 설정	5,000만 원	3,000만 원
	각종 지원 제도	푸드 폐기 지원	

② 안정적인 저축형 스타일의 본부 임차형 가맹 계약(배분율↓, 위험↓)

반대로 본부가 오픈할 점포의 건물주와 미리 임대차 계약을 맺고, 해당 위치에서 편의점을 운영할 점주를 찾는 시스템인 본부 임차형의 경우 좀 더 안정적인 가맹 조건이라 할 수 있겠다.

다시 말해, 본부 임차형의 경우 상권 분석에 어려움을 느끼는 예비 점주에게 있어서 전문가인 개발 담당이 먼저 매장을 확보한 후 추천하는 물건이기 때문에 어느 정도는 안정적인 입지라 할 수 있다(물론 요즘처럼 편의점이 포화 상태일 때는 개발 담당이라 해도 높은 매출의 점포를 찾는 게 섬섬 힘들어지고 있는 실정이다).

또한 편의점을 오픈하고 매출이 본부의 예상보다 저조할 시 점포를 관리하는 영업 담당 혹은 팀장이 직접 건물주를 만나 월세를 낮추기 위해 협상하는 등 임대차 관련 업무를 수행하기 때문에 점주는 번거로운 일을 직접 할 필요도 없다.

그리고 마지막으로 폐점 시에도 본부 임차형 가맹 조건은 상당히 유리한 장점이 있는데, 중도 폐점 시에는 본부와의 폐점 비용만 지급하면 건물 임대차와는 상관없이 자유롭게 빠져나갈 수 있으며, 만료 폐점 시에도 원상 복구는 본부의 역할이지 점주가 처리해야 할 부분이 아니기 때문에 골치 아픈 비용으로 건물주와 부딪히는 일도 전혀 없다. 이러한 이유로 본부 임차형 가맹 조건을 편의점에 대해 잘 모르는 초보자에게 추천하는 것이다.

다만 이익금과 관련되는 본부와의 배분율 부분에서 점주 임차형에 비해 가져가는 금액이 적고, 추후 재계약을 진행하더라도 추가적인 혜택이 거의 없다는 단점이 있으니 미리 알고 진행하면 좋을 것이다.

※ 보통 본부 임차형의 배분율은 월세를 누가 부담하느냐에 따라 점포와 본부가 70:30 혹은 60:40으로 나누는 경우가 일반적이다.

〈GS25〉- GS 2, GS 3

가맹 유형		GS 2 Type	GS 3 Type
계약조건	최종 경영주 수익 배분율	최대 67%	최대 48%
	경영주 수익 배분율	60%	41%
	24시간 영업장려금	5%	5%
	영업활성화 장려금	최대 2%	최대 2%
	계약 기간	5년	5년
	담보 설정	3,000만 원	3,000만 원
	각종 지원 제도	차별화 상품 폐기 지원 · 상품 판매 · 발주 장려금 · 미오출 보상금	
	수익 추구 특약	–	–

〈GS25〉- GS 2, GS 3

가맹형태		GREEN 1	GREEN 2
계약조건	최종 점주 수익 배분율	최대 60%	최대 68%
	점주 수익 배분율	55%	63%
	24시간 영업장려금	5%	5%
	계약 기간	5년/7년/10년 중 택1(기간별 차등수익 적용)	
	담보 설정	5,000만 원	5,000만 원
	각종 지원 제도	상품 발주 장려금 / 결품 보상금	

〈세븐일레븐〉

구분		B타입	공동투자형	안정투자형
계약조건	경영주 수익 (24시간)	45%	60%	45%
	경영주 수익 (19시간)		50%	
	계약 기간	4년	4, 7, 10년 중 택1	4년 이상
	담보 설정	2,000만 원	5,000만 원	2,000만 원
	각종 지원 제도	20% 폐기 지원(신규 오픈점의 경우 추가 지원) 각종 장려금(발주장려금, 결품보상금 등) 상온/냉장상품 폐기 지원금		

〈이마트24〉

구분		P2	H1
계약조건	월회비/가맹수수료 (VAT별도)	상품매입액의 15%	매출이익의 45%
	계약 기간	5년	5년
	담보 설정	5,000만 원	3,000만 원
	각종 지원 제도	푸드 폐기 지원	

　이렇듯 편의점 가맹 조건은 어느 형태가 무조건 좋다고 하기는 어려우며, 본인의 성향과 투자금, 방향성을 잘 따져서 선택해야 한다. 즉 건물의 월세가 비싼지, 재계약까지 생각하고 있는지, 초기 투자금은 얼마인지 등 다양한 상황을 고려하여 신중히 판단하기를 바란다(매출이 확실히 나올 거 같은 경우 점주 임차형을, 애매하고 자신이 없는 경우 안전하게 본부 임차형을 선택하는 게 좋다).

해당 브랜드의 장단점을 분석한다

우리나라에서 프랜차이즈 편의점 창업을 생각하고 있다면 일반적으로 GS25나 CU 아니면 세븐일레븐, 이마트24 중에서 고민하고 있을 것이다. 편의점은 본부의 많은 초기 투자금(공사비)으로 인해 어느 정도의 점포 수 이상이 되어야만 수익이 발생하기 때문에 작은 규모의 치킨집이나 음식점처럼 중소기업이 새로운 프랜차이즈 브랜드를 만들기는 어려운 구조이다. 그래서인지 우리나라에서 편의점을 한다고 하면 IGA마트, 씨스페이스 등 극소수의 소규모 브랜드를 제외하면 거의 90% 이상은 위의 4개 브랜드 중 하나를 선택하여 창업하는 실정으로 독점성이 상당히 강한 업종이라 할 수 있겠다. 그리고 이러한 독점성으로 인해 메이저 편의점마다 비슷한 투자금과 가맹 조건, 시스템 등을 가지고 점주를 모집하고 있는 상황으로 차별화가 상당히 부족하다는 단점이 있다.

그러나 이렇게 비슷한 조건 속에서도 브랜드별 장단점은 분명히 존재하는 만큼, 나와 맞는 조건을 분석하여 브랜드를 선택하면 좀 더 운영하기 수월할 것이니 참고하길 바란다.

⟨GS25⟩

① 상품의 종류가 많고, 젊은 이미지가 강하다

GS25의 가장 큰 장점이라고 하면 역시 신상품을 포함하여 상품의 종류가 다른 경쟁점에 비해 많다는 점을 들 수 있다. 예전부터 회사 중점 업무로 상품의 중요성을 끊임없이 강조했던 덕분에 그 종류가 상

당히 다양하며, 신상품이나 자체 브랜드인 PB상품도 계속해서 만들어
내고 있다. 그중에서도 특히 치약, 칫솔, 건전지, 티슈 등 비식품 분야
에서 압도적이라고 할 수 있는데, 점포에 망치까지 구비하고 있을 정
도니 그 수가 어느 정도인지를 짐작할 수 있을 것이다(비식품의 경우
자주 반복 구매하는 카테고리는 아니지만, 가끔 방문하여 원하는 상품
이 있을 시 단골이 될 확률이 높은 카테고리 중 하나이다). 또한 원소
주, 버터맥주, 혜자도시락 등 다양한 브랜드와 협업해 트렌드를 선도
할 수 있는 상품을 계속해서 출시하고자 시도하는 부분 또한 GS25만
의 강점이라 할 수 있다.

 이러한 이유로 인해 현재 GS25는 젊은 소비자들에게 가장 인기 있는
편의점 브랜드 중 하나이며, 점주들 사이에서도 운영 시 만족도가 상
당히 높은 편이다.

② 운영하는 1+1행사 상품의 수가 가장 많다

 매월 편의점에서 진행하는 1+1행사 상품은 매출에 있어서 상당히 중
요한 마케팅이라 할 수 있다. 물론 동시에 진행하는 2+1행사 상품도
매출에 있어서 어느 정도의 영향력은 있지만, 1+1행사에 비해서는 매
출의 전후 차이가 그다지 크지 않다는 단점이 있다. 즉, 매월 좋은 상품
을 얼마나 1+1행사로 고객에게 제공할 수 있는지 역시 브랜드를 선택
할 때 중요한 핵심 요소라 할 수 있겠다.

 이러한 행사력 부분에서 단순 수치로만 본다면 이마트24 〉 GS25 〉 세
븐일레븐 〉 CU 순서라 할 수 있는데, 그중에서도 고객에게 인기가 있

는 행사 상품의 수는 단연 GS25가 가장 많다.

 이 덕분에 GS25는 점포당 매출이 메이저 편의점 중에서도 가장 높으며, 고객들에게도 상당히 좋은 반응을 얻고 있다.

③ 점포 관리가 체계적이다

 마지막으로 GS25의 또 하나의 장점이라고 하면 바로 점포 관리가 상당히 체계적이라는 점이다. 특히 매월 진행하는 행사 상품의 진열 및 신상품의 도입에 있어서 더욱 그러한데, 영업 담당이 매월 점포 밖 혹은 점포 내에 행사 상품의 진열과 홍보에 적극적이다. 좀 더 구체적으로 말하면, 월말에 점포에 방문하여 다음 달에 판매 가능성이 높은 +1 행사 상품을 점주와 협의해 발주하고, 해당 상품이 점포에 들어오면 월초에 다시 대량으로 진열하는 식으로 관리하는 것이다. 언뜻 단순한 업무로 보일지 몰라도 이러한 행사 역시 GS25의 매출이 타사에 비해 높은 이유이며, 점포에 방문해 보면 확실히 관리가 되고 있다는 느낌을 받게 되는 것이다.
 또한 GS25는 신상품 도입 시 초기 적극적인 의 폐기 지원과 함께 고객 홍보 및 판매에 이르기까지 상품에 대하여 체계적으로 마케팅을 진행하고 점포의 매출 상승을 적극적으로 지원하고 있다.

⟨CU⟩

① 메이저 편의점 중 점포 수가 가장 많다

CU는 2022년 말 기준 16,000여 점으로 가장 많은 점포 수를 자랑하고 있으며, 이러한 점포 수는 단순히 숫자가 많다는 일차원적인 접근에서 나아가 다양하고 공격적인 마케팅에 활용 가능하다는 점을 시사한다. 즉, 여러 맛집 브랜드와 협업하거나 가격 협상 시 좀 더 우위를 점하고 싶을 때 점포 수는 강력한 힘을 발휘한다. 어느 업체라도 내 상품을 점포 수가 적은 소규모의 중소기업보다는 단가를 낮추더라도 대기업에 납품하여 박리다매로 좀 더 많은 사람에게 판매하고 싶기 때문이다. 그러니 당연히 점포 수가 가장 많은 CU와는 상품에 대한 협업을 원하는 업체가 그만큼 많을 것이며, 가격 또한 경쟁적으로 낮춰서라도 서로 입점하려 드니 반대로 점포 입장에서는 좋은 상품을 저렴한 가격으로 고객들에게 판매할 수 있는 혜택을 받게 되는 것이다.

② 상품 판매에 대한 이익률이 높다

CU는 메이저 편의점 중에서도 상품 판매에 대한 이익률이 상당히 높은 편이다. 전사 평균 32%로 GS25보다는 1~2% 정도 높으며, 세븐일레븐보다는 2~3% 정도 높다. 심지어 이마트24와 비교해서는 4% 이상 높게 나타나고 있다. 다만 이러한 이익률은 상품의 종류와도 관계가 있는데, 예전 CU에서는 상품의 종류보다 높은 이익률의 상품에만 집중하다 보니 운영하는 상품의 아이템은 적어지는 대신 이익률은 그만큼 높아지는 현상이 발생한 것이다(물론 요즘에는 CU도 신상품 도입에 적극 대응하고 있는 상황으로, 그 차이는 조금씩 줄어들고 있다). 여기에 더해 점포 수가 가장 많다 보니 대량 생산으로 원가를 최대한 낮출 수 있어 이익률이 다른 경쟁점보다 더 높아졌다고 할 수 있겠다.

③ 점포 관리가 인간적이다

 CU는 영업 담당의 점포 관리가 다른 경쟁점에 비해 좀 더 인간적인 편이다. 예를 들어, GS25나 세븐일레븐의 경우 본부로 송금이 제대로 이루어지지 않으면 매월 점주가 받는 이익금에서 자동으로 제외되는 시스템으로 운영된다. 굳이 영업 담당이 송금액을 받으러 점포에 직접 가거나 점주에게 송금해 달라고 사정할 필요가 없는 것이다. 그러나 CU는 송금이 제대로 이루어지지 않으면 점포에 방문해 점주와 면담한 후 송금하도록 설득한다. 물론 계속되는 지도에도 개선되지 않는다면 상품 공급을 중단하거나 이익금을 받지 못하게 하지만, 그건 최후의 수단으로 사용하고 그 전까지는 최대한 문제가 해결되도록 노력한다. 또한 웬만한 부수적인 문제가 발생하여도 원칙이나 시스템에 의한 업무 처리보다는 영업 담당과의 대화를 통해 해결하려는 방식이 바로 CU만의 장점이라 할 수 있겠다.

<세븐일레븐>

① 세계 1등 브랜드이다

 세븐일레븐은 미국에서 시작되어 일본으로 넘어간 세계 1등 편의점이다. 그만큼 전 세계적으로 알려진 브랜드란 말이다. 아직 우리나라 롯데에서 일본 세븐일레븐 측으로 로열티를 지급하고 있기 때문에 단점으로 작용하기도 하지만, 높은 기술력과 노하우를 얻을 수 있다는 장점 또한 있다. 예를 들어, 날씨에 따른 발주 시스템부터 진열 방법, 상품 개발 등 다양한 노하우를 일본에서 습득하여 한국의 편의점에 적용시킬 수 있는 것이다.

 또한 점포 내 인테리어와 각종 집기에 있어서도 편의점 선진국인 일본에서의 경험을 빌려와 우리의 현실에 맞는 기술로 접목할 수 있다는 장점도 있다.

② 지원금과 공사에 가장 적극적이다

 롯데라는 대기업에서 가져온 세븐일레븐 브랜드는 편의점 창업을 고려하는 예비 점주들에게 오픈 시 지원금을 많이 주기로 유명하다. 일본과 다르게 아직 우리나라에서는 GS25나 CU에 브랜드 파워에서 밀려 오픈이 쉽지 않은 상황이다 보니 금전적인 지원을 많이 해 줘서라도 오픈을 시키려는 것이다. 더욱이 경쟁점 대비 2~3% 정도 낮은 이익률 역시 치명적인 단점인 만큼 추가로 지급해 주는 지원금이 없다면 실제로 세븐일레븐을 선택하기란 쉽지 않은 실정이다. 또한 세븐일레븐은 아직 일본 기업이라는 좋지 않은 이미지가 강해 사회적 분위기에 따라 불매 운동 등으로 인한 매출 하락이 발생할 수 있기에 좀 더 적극적으로 지원해 주는 게 아닌가 싶다.

 비슷한 이유로 초기 오픈 공사에 대해서도 가장 적극적으로 지원해 주고 있다. 멀리서도 점포가 보일 수 있도록 하는 지주 간판이나 실내에 설치하는 각종 집기, 쉬었다 갈 수 있는 원목 테이블 등 점포의 외적인 부분에서는 어느 경쟁 편의점보다 돈을 많이 투자하는 경향이 있다. 실제로 예전부터 주변에 오픈하는 세븐일레븐을 보면 저렇게까지 돈을 많이 투자할까 하는 감탄이 들 정도이니 혹시 편의점에 어느 정도 경험이 있어 운영을 직접 알아서 할 수 있다면 세븐일레븐을 택하는 것도 좋을 것이다.

③ 자체 상품 종류가 많고 품질이 좋다

세븐일레븐은 편의점 선진국인 일본 최고 기업의 기술력과 우리나라 대기업 롯데의 자금력이 합쳐져 상품의 종류가 다양하고 그 품질 또한 상당히 우수한 편이다. 특히 도시락, 김밥, 삼각김밥, 샌드위치 등의 간편식사 상품은 내용물이 많고 맛이 우수하다. 또한 세븐티(Tea), 세븐팜(채소), 브레다움(빵) 등 자체적으로 운영하는 PB상품의 개발에 적극 임하며 자사를 경쟁점과 차별화하고 우위를 점하려는 노력을 기울이고 있다.

예를 들어, 창업 관련 업무를 하는 개발 담당자들이 CU와 세븐일레븐 중 고민하는 예비 점주를 만나면 CU보다 상품의 종류가 훨씬 많고 품질도 뛰어나다고 하며 점포로 직접 가 보자고 할 정도이니 세븐일레븐이 상품에 대해 얼마나 자부심을 가지고 있는지 짐작할 수 있을 것이다.

〈이마트24〉

① 영업 시간이 자유롭다

이마트24의 가장 큰 장점이라고 하면 역시 자유로운 영업 시간일 것이다. 대부분의 메이저 편의점들이 19시간 혹은 24시간 중에서만 운영 시간을 택할 수 있는 반면, 이마트24는 제약 없이 점주가 영업 시간을 마음대로 정할 수 있다. 즉, 하루에 10시간 운영하든 20시간 운영하든, 심지어 문을 닫든 본부가 전혀 개입하지 않는 것이다. 이는 본부와 점주의 이익금 배분 방식 때문인데, 이마트24는 수수료율로 나눠서 이익을 배분하는 방식이 아닌 대부분 매월 일정 금액을(160만 원 or 65만 원) 본부에 지급하는 방식으로 운영된다. 따라서 점포의 매출이 저조하여도 본부의 이익에는 전혀 상관이 없다. 다시 말해 GS25, CU, 세븐일레븐과 같이 배분을 수익률(%)로 나누는 시스템은 점포의 매출이 낮으면 당연히 본부도 낮아지기 때문에 영업 시간을 철저히 관리하지만, 이마트24는 매출이 높건 낮건 매월 똑같은 금액이 로 들어오기 때문에 크게 신경 쓰지 않는 것이다.

② 실내 인테리어가 예쁘다

　요즘 편의점 중 가장 실내가 예쁜 브랜드를 고르라고 하면 당연 이마트24일 것이다. 카페 같은 분위기, 다양한 편의 제공 등으로 고객이 좀 더 오래 머물 수 있는 환경을 제공하고 있다. 특히 일반적으로 편의점은 하얀색 조명을 사용해 자칫 딱딱하고 차가운 분위기를 낼 수 있지만, 이마트24는 은은한 조명을 사용하여 편안한 분위기로 바꾸고 있다. 더욱이 진열대가 높고 벽면에는 요즘 한창 인기를 끌고 있는 와인존을 별도로 구성하는 등 고객들이 좀 더 안락한 분위기에서 쇼핑할 수 있도록 최선의 노력을 기울이고 있다.

또한 일반적인 플라스틱 의자와 테이블 대신 원목 가구를 활용해 시식(휴게) 공간을 조성함으로써 고객들로 하여금 실제로 카페에 와 있는 착각을 불러일으키기도 하는 등 경쟁 편의점들과의 차별화에 집중하는 모습을 보인다.

③ 다른 브랜드 대비 상대적으로 개점이 쉽다

이마트24는 물론 모든 점포는 아니겠지만 가끔 깊숙한 시골이나 한적한 곳에도 오픈한 점포를 볼 수 있을 것이다. 바꿔 말하면, 그만큼 이마트24는 경쟁 브랜드에 비해 오픈하기가 쉽다는 얘기이다. 이러한 이유는 위에서와 마찬가지로 배분율에서 찾을 수 있는데, 경쟁 편의점의 경우 오픈을 잘못하여 매출이 저조할 경우 본부도 마이너스(-) 손익이 발생하기 때문에 오픈 위치에 신중할 수밖에 없는 반면, 이마트24는 매출이 잘 나오건 안 나오건 상관없이 매월 일정액을 점포로부터 수취하기 때문에 오픈에 적정한 위치인지 아닌지는 크게 상관없는 것이다. 실제로 인적이 드문 산골에서도 가끔 이마트24를 발견할 수 있는데, 이를 통해 얼마나 매출에 대한 제약이 없는지 알 수 있을 정도이다. 그러니 반드시 이마트24는 매출에 대한 분석은 점주 스스로 해야 할 것이다.

전산 및 물류, 회계 등의 시스템에 대한 설명을 듣는다

편의점을 창업하기 위해 메이저 편의점별로 창업 설명회에 참석하였다면, 반드시 해당 브랜드의 전산 및 물류 등 기본적인 시스템에 대한 이해가 필요하다. 물론 앞에서도 언급했듯이 우리나라 편의점은 브랜드별로 비슷한 시스템으로 운영되고 있긴 하지만, 약간의 차이로도 점포를 운영하는 데 있어서 불편함을 느낄 수 있으니 시작하기 전에 어느 정도의 분석은 해 두어야 할 것이다.

그중에서도 특히 계산에 필요한 포스(POS) 작동법이나 발주 및 매출 분석 시 사용하는 전산 시스템, 상품이 배송되는 물류 구조 등의 경우 제대로 알아보지 않고 진행할 시 상당한 스트레스를 받을 수 있기에 좀 더 구체적으로 비교해 보고 선택하길 바란다.

① 전산 시스템

편의점에서 전산 시스템이라고 하면 대표적으로 고객이 구매한 상품을 계산할 때 사용하는 포스 기계와 상품의 발주 및 매출 분석에 주로 활용되는 OPC 컴퓨터로 나눌 수 있다.

우선 상품의 계산에 주로 사용되는 포스부터 살펴보자. 오픈을 앞둔 예비 점주가 브랜드별로 포스를 비교 분석할 때는 가장 먼저 사용하기가 얼마나 편하냐에 우선순위를 두어야 한다. 물론 편의점마다 사용법과 기능이 비슷한 장비를 사용하고 있지만(주로 일본 제품), 분명 차이점은 존재한다. 특히 번거로운 객층키(젊은남성/여성, 중년남성/여성,

학생, 노인 등)가 많이 있는지, 신용카드 결제 시 조작이 간편한지, 할인 및 적립 방식은 간단한지 등의 분석이 바로 그것이다. 다행히 모든 브랜드가 기능은 늘리고 조작은 간단하게 할 수 있도록 바꾸고 있는 추세지만, 아직까지도 기능이나 사용법에서 조금씩 차이가 있으므로 미리 사용해 보고 결정하면 좋을 것이다.

그리고 모든 점주가 동일한 평가를 하지는 않지만, 대체로 포스 사용의 편리함에 대해서는 GS25=CU 〉세븐일레븐 〉이마트24 순이니 참고하길 바란다.

다음으로는 발주를 넣는 휴대용 PDA와 OPC 컴퓨터를 살펴보자. 상품의 발주는 편의점 운영과 매출에 있어서 가장 중요한 부분이기 때문에 반드시 살펴봐야 한다. 우선 GS25와 세븐일레븐은 일본 편의점의 발주 방식을 따라 한 커다란 패드형 PDA를 사용하고 있다. 이 방식은 우선 아이패드나 갤럭시탭처럼 사이즈가 크다는 단점이 있지만, 화면과 버튼이 커서 보기가 쉽고 날씨에 따른 발주, 요일에 따른 발주 등 기능이 다양하여 효과적으로 발주에 활용할 수 있다. 반면 CU는 그보다는 작은 휴대용 PDA를 사용하고 있는데, 가볍고 사이즈가 작아 점포를 돌아다니며 직접 상품을 스캔해 가며 발주하기에는 편리하나, 화면과 버튼이 상당히 작아 나이가 좀 있는 점주라면 글씨가 잘 보이지 않아 불편함을 느낄 수도 있을 것이다.

② 물류 시스템

 매일 점포로 배송되는 상품의 물류 시스템은 편의점별로 대동소이하다(상품이 배송되는 시간은 내가 오픈할 점포 인근에 있는 기존 점포의 배송 시간과 비슷하게 결정된다). 보통 하루에 3번씩 배송되는 시스템으로 1편, 2편 그리고 상온으로 이루어진다. 1편은 대략 21~24시 사이에 오는 간편식사(도시락, 김밥, 샌드위치 등)와 빵, 우유 등으로, 주로 심야 및 아침에 방문하는 고객들에게 판매된다. 그리고 2편은 10~13시 사이에 오는 물류로, 역시 간편식사와 얼음, 아이스크림 등이 있으며 주로 점심 및 저녁에 간단한 식사를 하기 위해 방문하는 고객들에게 판매된다. 마지막으로 상온은 과자, 주류, 음료 등 실온에서 보관 및 진열하는 상품들로 보통 당일에 발주하여 당일에 들어오는 점포는 저녁에, 당일에 발주하여 다음 날 상품을 받는 점포는 점심쯤에 상품을 받게 된다. 이러한 배송 시간은 지역에 따라 약간씩의 차이만 있을 뿐 판매에 문제가 될 정도로 시간이 늦어지는 경우는 없으니 크게 신경 쓰지 않아도 될 것이다.

 그렇다면 배송과 관련해서는 무엇을 살펴봐야 할까?

 바로 배송되는 상품의 상태와 결품(발주했으나 점포로 상품이 제대로 들어오지 않는 경우)의 발생 횟수이다. 물론 이러한 상황은 편의점별로 가동하고 있는 물류센터의 관리 여부에 따라 다르고, 지역별로도 약간씩은 차이가 있겠지만, 그만큼 중요한 부분이기 때문에 어떻게 체계적으로 운영되고 있는지 반드시 살펴봐야 한다. 즉, 배송되는 상품이 자주 파손되거나 팔아야 하는 상품이 결품으로 점포에 들어오지 않는다면 금전적으로도 상당한 피해를 볼 수 있으니 당연히 신경 써야 하는 것이다. 다행히 모든 브랜드가 결품에 따라 일정액 보상해 주고 있지만, 단순히 물류센터의 관리 상태로만 본다면 GS25 〉CU = 세븐일레븐 〉이마트24 순서이니 역시 참고 정도만 하길 바란다.

③ 회계(정산서) 시스템

회계(정산서)라고 하면 복잡하고 머리 아픈 나머지 현재 점포를 운영하고 있는 점주들조차 대충 넘기는 경우가 많지만, 돈과 관련된 부분인 만큼 반드시 짚고 넘어가야 한다. 그중에서도 좀 더 신경 써서 확인해야 하는 부분으로 상품에 대한 상품에 대한 발주장려금과 담배진열장려금 등에 대한 본부와의 수익 배분이 있다. 실제로 한때 세븐일레븐은 당연히 점포와 나눠야 하는 담배진열장려금을 제대로 나눠 주지 않아 뉴스에 나온 적도 있으니 좀 더 꼼꼼히 확인할 필요가 있다. 또한 신상품을 발주했을 때 추가로 지원해 주는 장려금 역시 확인해야 하는데, 아무래도 상품의 발주 규모가 클수록 업체에서 지급하는 장려금이 많을 테니 확인하길 바란다.

그리고 여기에 더해 해당 브랜드의 집기에 대한 관리비는 매월 얼마나 나가는지, 포스 유지비 및 세무수수료는 얼마인지, 재고조사 비용은 전액 본부에서 부담하는지 등 주변에서 편의점을 운영하는 지인을 활용해서라도 브랜드별로 하나하나 따져서 나에게 이득이 되는 회사를 선택해야 한다(중요한 항목들이 구체적으로 무엇인지 잘 모른다면 대충 위에서 언급한 내용 정도만이라도 정산서에서 얼마나 쉽게 확인할 수 있는지 살펴보면 된다).

추가적인 점주 혜택을 확인하는 것도 잊지 마라

현재 우리나라에 있는 메이저 프랜차이즈 편의점의 가맹 조건이나 계약 기간, 시스템은 거의 비슷하다고 언급한 바 있다. 토종 브랜드인 GS25(구 LG25)를 제외하고는 모두 일본의 편의점으로부터 시스템을 배워서 시작했기 때문에 당연히 비슷할 수밖에 없다. 즉, 본부와의 수익 배분율이나 공사 비용의 전액 본부 투자, 가맹 계약 기간 5년 유지 등 초기 우리 편의점의 시스템은 일본 편의점 시스템을 그대로 가져와 사용했다고 보면 된다. 물론 현재는 수익에 대한 배분율도 메이저 편의점마다 조금씩 다르고, 가맹 계약 기간도 4년 동안 유지한다는 조건이 생기는 등 약간씩의 변화를 주고 있지만, 여전히 큰 틀의 구조는 예전과 크게 다르지 않다고 할 수 있겠다.

그러면 예비 점주 입장에서는 아무 브랜드나 선택해도 운영에 있어서 차이가 없을까? 전혀 그렇지 않다.

물론 브랜드마다 이미지의 차이도 있고 상품의 종류도 다양하여 매출에도 차이가 있지만, 이외에도 점주에게 지원해 주는 추가적인 혜택 역시 조금씩 다르므로 미리 참고하면 좋을 것이다.

⟨GS25⟩

1) 운영 지원 제도
· Fresh Food 폐기 지원: 업계 최대 각종 폐기 지원(FF, 과일 등)

· 법률 자문 서비스: 비용 부담 없이 변호사를 통하여 법률 자문 지원

· 노무 상담 서비스: 비용 부담 없이 전문 노무법인이 노무 상담 지원

· 방범, 보안 서비스 할인: 제휴 보안업체를 통한 가격 할인, 추가 혜택 등

· 엔젤서비스(긴급 인력 지원): 경조사 및 긴급 입원 등 긴급 상황 시 근무자 지원

· 근무자 구인 사이트 지원: GS25 전용 배너 업체 운영(알바천국)

· 점포 보험 지원: 재산 종합, 현금 도난, 횡령, 안심 상해 등 보험 지원

· 해충 방제 서비스 할인: 점포 방역, 위생 관리를 위한 방역 서비스 할인

2) 경영주 복지몰

· 믿을 수 있는 상품 구성: GS리테일과 연계된 고급 상품 및 알찬 상품 구성

· 단독 상품 및 특가전: 명절, 바캉스, 크리스마스 등 단독 행사 직매입을 통한 특가전

· 합리적인 가격: 국내 5대 쇼핑몰 대비 저렴한 가격

· 알찬 카테고리 상품: 생활필수품, 가전, 주방, 유아동 상품 등 다양한 구성

3) 참여 제도

· 경영주 협의회: 지역별 정기 간담회(격월, 분기별)를 통하여 각종 제도 제안 및 이슈 사항 협의

· 자율분쟁조정위원회: 가맹 본부와 경영주 간 분쟁 발생 시 위원장(외부 전문가), 경영주 대표가 자율적 해결 및 조정안 마련

· 발전위원회: 경영주와 본부 상호 간의 발전적이며 선제적인 현장 중심의 안건 연구, 논의 등 진행

· 24시간 통합 콜센터 운영: 점포 운영의 불편 사항에 대한 접수 및 상담 창구 운영(24시간 운영)

4) 복리후생

· 경영주 복지몰: 경영주 전용 복지몰 운영
 (http://gswelfare.benecafe.co.kr)

· 경조사 지원: 경조사 발생 시 경조금 및 화환 지원

· 엔젤리조트(휴양 시설): 한화리조트, 엘리시안 강촌 법인 회원가로 이용

· 종합 건강 검진 할인: 최대 70% 할인 혜택(근무자 포함)

· 장례 지원 서비스: 경영주 직계 가족 조사 발생 시 장례 용품 지원

· 엔젤렌터카(장기렌터카): GS25 경영주 전용 렌터카 가격 비교 제휴 서비스

5) 23년도 상생안

· 점포당 재고 처리 한도 年 102만 원(우수점 36만 원 추가 지원)

· 경영주 심리 상담 年 4회 지원

· 사기 피해 보험료 지원

⟨CU⟩

1) CU몰

· 다양한 상품(약 100만 개 이상)

· 결제 수단 다양화(CU포인트, 시럽페이 등)

· 국내 최저가 특판 상품 구매 기회

2) 특별한 혜택

· 프리미엄클럽 가입 축하: 가입점 감사패+감사카드

· 프리미엄클럽 리프레쉬 지원(연차별): 5성급 호텔, 제주 여행, 해외 여행 패키지 상품권 제공

· 프리미엄케어 프로그램: 25년차 이상 5년마다 2인 건강 검진 지원

· 우수 스태프 가입비 지원: 점주 및 영업 팀장 추천 창업 희망 우수 스태프 가입비 지원(1년 이상 근무, 4대 보험 가입)

3) 공감 혜택

· 안심근무보험 무상 가입: 제3자 일방적, 물리적 폭력 행위 발생 시 근무자 배상

· 생산물배상책임 보험: 점포 즉석조리 상품 사고 피해 배상

· 노무 토탈 서비스: 노무 무료 상담

· 방범, 보안 서비스 할인 혜택: 월 이용 금액 할인 및 지원, 보증금 면제 등

· 일반배상책임보험 무상 가입: 점포 과실에 의한 고객 대상 사고 배상

· 냉장/냉동 상품 보상 보험: 풍수해 등으로 집기 문제 발생시 훼손된 냉장/냉동 상품 배상

· 경조사 지원: 점주 경조사 발생 시 지원(경조금, 화환 등)

· CU전용 노무 관리 APP 지원: 체계적 스태프 관리 급여/근태/전자계약 시스템 등 긴급 인력 구인 실시간 중개 서비스 무료 이용

4) 활기찬 혜택

· CU건강라이프 지킴이: 점주 및 가족 건강라이프 위한 병원 제휴 할인 제공

· CU행복라이프 지킴이: 점주 및 가족 행복라이프 위한 각종 제휴 할인 제공

· 휘닉스 콘도 할인: 법인 회원 요금으로 이용 가능

· 놀이공원 제휴 할인 혜택(수시): 서울랜드, 블루캐니언 등 최저가 이용

· 종합 건강 검진 할인: 전국망 대형 검진 센터 최대 70% 할인

· 자녀 출산 시 선물 제공: 가맹점주 자녀 출산 시 선물 지원/축하

· 장기운영점 콘도 이용: 휘닉스 콘도 최대 100% 이용료 지원

· 가맹점주 복지몰(CU몰) 이용: 가맹점주 전용 폐쇄형 복지몰

5) 23년도 상생안

· 신상품 도입 지원금(최대 15만 원)

· 폐기 지원금 상향(40만 원 → 50만 원)

· 운영력 우수점 인센티브 지급

⟨세븐일레븐⟩

1) 경영주 건강/계약 보호

· 점포 보험: 점포 화재, 현금 도난 보험

· 경영주 보험: 경영주 단체 상해 보험

· 매출부진점 관리: 매출 부진 점포 집중 지원 프로그램

· 오픈점 사전 검증: 예비 점포 현장 검증 및 매출 시뮬레이션

2) 경영주 소통 강화

· 협의체 운영: 경영주 공식 상생협의체 구성 및 정책 자문

· 콜센터: 경영주와 고객을 위한 통합 콜센터 세븐콜 운영

· 일본, 대만 등 해외 편의점 탐방 기회 제공: 우수 점포와 장기 운영 점포를 선정해 해외 점포 탐방과 선진 운영

· 노하우 체험 연수 프로그램 진행

· 법인 콘도 이용

· 경영주와 함께하는 행복충전 콘서트

3) 경영주 자녀 지원

· 고등학생 자녀 등록금 전액 지원: 평가 우수 점포/3년 이상 운영/ 자녀수 1점포 1자녀

· 경영주 자녀 캠프: 스키캠프, 롯데월드

· 대학생 자녀 등록금 이자 지원: 전 점포/3개월 이상 운영/자녀 수 제한 없음

· 경영주 자녀 채용 우대: 경영주 추천 인재 특별채용 전형

4) 23년도 상생안

· 간편식 폐기 지원 확대(40% → 50%)

· 전기료 지원 제도 유지

· 동반 성장 펀드 운영

⟨이마트24⟩

1) 경영주 자녀 학자금 지원
- 운영 년수에 따라 학자금 지원: 유치원, 중/고교, 대학교 등 리조트 숙박 및 휴가비 지원
- 신세계 그룹 및 제휴 숙박 시설 할인가 적용: 속초 영랑호 리조트, 서울 포포인츠 남산호텔, 기타 제휴 시설
- 年 2일 휴가 기간 인건비 지원

2) 경조사 지원
- 경영주 경조사 발생 시 경조금 및 화환 등 조사 물품 지원

3) 경영주 협의체 운영
- 본부와 경영주 간의 원활한 소통
- 경영주 의견 청취를 통한 개선 방안 도출

4) 상생협력 운영위원회 운영
- 본부와 경영주 간 원만한 소통 지원을 통한 신뢰 형성

5) 23년도 상생안
- 경영주 연중 휴가비 지원

· 결품 보상 제도 확대

· 자연재해 피해 점포 생활지원금 지급

정보 공개(14일)는 충분한 검토를 위한 안전장치이다

어느 업종의 자영업을 선택하든 시작할 때 가장 주의해야 할 부분은 바로 서두르는 것이다. 특히 대기업 프랜차이즈처럼 창업에 관련된 전문적인 업무만 하는 본부 직원들의 능숙하고 달콤한 언변에 속아 무턱대고 오픈부터 할 가능성이 크다.

안타깝게도 해당 회사의 재무 구조는 얼마나 튼튼한지, 운영 시스템은 잘 갖추어져 있는지, 직원은 몇 명이나 되는지 등 기초적인 사항조차 확인하지 않고 창업에 도전하는 예비 점주가 수두룩하기 때문에 더욱 주의해야 할 것이다(실제로 요즘은 소규모 프랜차이즈 브랜드가 우후죽순 생겨 나고 있으며, 몇 년 지나지 않아 폐업하는 브랜드 수 또한 매년 증가하고 있다).

다행히도 이러한 부주의한 창업을 방지하기 위해 정부에서는 14일간 강제적으로 회사의 정보를 공개하도록 해 해당 회사의 각종 현황을 사전에 확인하도록 하고 있는데, 정보공개서는 프랜차이즈 본부의 각종 필요한 정보를 담은 가장 기초적인 문서라 할 수 있다. 그리고 가맹 는 가맹 계약 체결에 앞서 반드시 공정거래위원회에 등록한 정보공개서를 가맹 희망자에게 제공할 의무가 있으며, 이러한 정보 공개는 점주에게 별도의 비용이 전혀 발생하지 않으니 창업을 희망한다면 미리 부담 없이 본부에 요청하여 진행하면 될 것이다.

① 정보공개서에 일반적으로 기재되는 내용

정보공개서에는 우선 가맹 본부의 일반적인 현황 즉, 가맹 본부의 기본 정보 및 계열 회사 정보와 임원 명단 등이 기재되어 있고, 두 번째로는 가맹 사업 현황인 최근 3년간 가맹점 현황(출점/폐점 수 포함)과 가맹 본부가 운영하는 다른 브랜드 정보, 전년도 가맹사업자 평균 매출액 등이 기재되어 있다.

다음으로는 최근 3년간 공정거래법 및 가맹사업법 위반 등의 법 위반 사실이 나와 있으며, 가맹사업자가 부담해야 할 가맹금, 보증금, 로열티, 양도 시 부담 비용 등의 내용도 함께 포함되어 있다.

그리고 기타 영업 조건 및 제한에 대한 내용이나 영업 개시까지 필요한 절차, 기간, 비용 등의 영업 개시 절차, 교육/훈련 등 70여 가지에 달하는 내용이 기재되어 있으니 반드시 꼼꼼히 살펴봐야 할 것이다.

② 인근 가맹점 현황 문서로 주변 점포를 확인해라

다음으로는 가장 중요한 인근 가맹점 현황 문서를 확인해야 하는데, 정보공개서 제공 시 가맹 희망자의 장래 점포 예정지에서 가장 인접한 10개의 상호, 소재지 및 전화번호가 기재된 인근 가맹점 현황 문서를 함께 제공해야 한다. 다시 말해, 오픈 예정지의 가장 인근에 있는 편의점 10곳의 가맹점 목록을 기재한 문서라 할 수 있다.

 물론 이 문서에는 점포명과 주소 등의 기본적인 사항만이 기재되어 있지만 이러한 점포들을 며칠간 살펴본다면 어느 정도의 매출은 예상할 수 있을 것이다. 특히 오픈 예정점과 상권이 비슷하다면 대략적인 예상 매출을 파악할 수 있기 때문에 상당히 중요한 자료로서 활용할 수 있다.

③ 가맹계약서에서는 비용을 위주로 점검한다

 마지막으로 정보공개서, 인근 가맹점 현황 문서와 함께 제공되는 것이 바로 가맹계약서이다. 가맹 사업을 함에 있어서 가장 중요한 문서이지만, 내용이 방대하고 어려운 용어가 많아 대부분의 예비 점주들은 가맹계약서를 잘 확인하지 않는다. 그러나 추후 본부와 마찰이 발생할 시 가맹계약서가 중요한 판단의 기준이 되므로 꼼꼼히 살펴야 한다.

 다만 내용이 복잡하고 용어가 생소하다면 몇 가지로 요약해서 볼 것을 추천하는데, 바로 계약 기간과 비용 부담에 대한 부분이다. 즉, 5년이라는 의무 계약 기간 중 어느 정도의 기간이 지나면 몇 개월 치의 손해배상금이 발생하는지, 공사에 대한 비용 부담이나 추후 처리 방법은 어떠한지 등에 관한 내용이다.

 앞에서도 언급했지만, 프랜차이즈 편의점의 가장 큰 특징은 낮은 투자금과 60개월의 의무 계약 기간이다. 그만큼 본부와의 약속을 지키

지 못했을 경우 부과되는 비용 역시 상당히 크기 때문에 사전에 가맹
계약서를 통해 해당 내용을 정확히 숙지하고 점포를 오픈해야 한다.

 이렇듯 14일간의 정보 공개 기간은 예비 점주에게는 상당히 중요한
기간이라고 할 수 있다. 단순히 오픈하기로 정했다 해서 개발 담당의
말만 믿지 말고 정보공개서, 인근 가맹점 현황, 가맹계약서 등 문서로
된 서류를 꼼꼼히 확인하고 모르면 개발 담당에게 다시 물어보는 식으
로 점검해야 추후 매출이 저조할 시 발생할 수 있는 문제를 효율적으
로 해결할 수 있을 것이다.

2단계 예비 점주 면담

개발팀과는 상권 분석 및 점포 공사에 대한 상담을 위주로 한다

보통 프랜차이즈 편의점을 창업하기 위해서는 초반에 해당 브랜드의 개발 담당과 상담을 한 후, 협상에 있어서 어느 정도 진척이 있으면 구체적인 운영을 위해 영업 팀장과 상담을 하는 순서로 되어 있다. 즉, 처음에는 내가 생각하고 있는(점주 임차형) 혹은 본부에서 정해 놓은(본부 임차형) 점포에 대한 구체적인 정보가 필요하기 때문에 해당 물건에 대해 잘 알고 있는 개발 담당과 주로 상담을 하는 것이고, 이제 오픈할 위치가 대략 정해지면 본격적으로 영업팀과 앞으로 어떻게 운영해 나갈지를 협의하는 것이다.

그러면 개발 및 영업팀과의 상담에서는 주로 어떤 내용을 중점적으로 다루어야 하고, 어떤 부분에 대한 질문이나 분석을 해야 할까?

본부 담당자들도 부서에 따라 하는 업무가 다르기 때문에 창업을 희망하는 예비 점주도 거기에 맞게 대화를 하고 물어볼 사항들을 미리 준비해야 하지만, 그냥 직원이 설명해 주는 내용을 듣기에만 급급한 경우가 대부분이다. 그러나 그러한 내용은 주로 본부 담당들의 주장이기 때문에 회사에 불리한 부분은 쏙 빼고 얘기하거나 일방적으로 하고 싶은(중요하지 않은) 얘기만 해 은근슬쩍 넘어갈 수 있으므로 반드시 확인해야 할 사항을 미리 정해 면담을 진행해야 한다.

그럼 지금부터 편의점 오픈을 위해 본부 개발 담당과 중점적으로 나눠야 할 주제부터 대해 다뤄 보도록 하겠다.

① 상권에 대한 정확한 분석을 의뢰한다

개발 담당의 가장 중요한 업무 중 하나는 물건(오픈할 점포)을 확보하고, 해당 위치에서 운영할 점주를 구해서 점포를 오픈시키는 것이다(물론 점주가 직접 물건을 가지고 있다면 오픈 조건을 위주로 협상한다). 다시 말해, 점주가 만약 오픈하고 싶은 점포를 직접 구하지 않고 본부에서 구해 놓은 점포 중 하나를 골라서 운영하는 본부 임차형의 경우, 반드시 가맹 조건과 해당 상권에 대한 분석을 개발 담당에게 직접 설명을 들어야 한다. 좀 더 구체적으로 해당 상권의 물건이 왜 좋은지, 주변에는 어느 정도의 주택 혹은 사람들이 있는지, 인근에 자사 브랜드 점포가 있는 경우 대략 매출이 어떠한지, 경쟁점은 있는지 그리고 있다면 매출이 어느 정도인지 등 확인해야 할 사항이 한두 가지가 아니다.

더욱이 단순히 개발 담당의 업무 시간에(09~18시) 동행하여 주변을 도는 정도로 상권을 분석해서는 제대로 된 판단을 할 수 없다(그러나 실제로는 개발 담당과 동행하여 3~4번 정도 오픈 정점을 방문하는 것으로 앞으로 운영할 점포의 상권 분석을 끝내는 경우가 대부분이다). 특히 로드사이드나 학원가 입지가 아닐 경우 대부분 늦은 저녁부터 매출이 올라가는 경우가 더 많기 때문이다. 그러니 당연히 밤에도 해당 위치에 찾아가서 차량 및 인구 유동, 주변에 거주하는 사람들의 연령층, 인근 편의점의 방문 횟수 등을 분석해야 한다.

※ 질문 내용: 인근 자사 점포의 매출 현황, 주변 고정 고객이 될 만한 상권의 범위, 흘러가는 고객이 있을 상권 범위, 경쟁점이 있는 경우 예상되는 매출/경쟁점이 없는 경우 생길 가능성이 있는 물건 유무, 심야 시간대 차량 혹은 사람의 이동량(경쟁점이 있으면 그곳을 확인), 가장 매출이 높은 점심과 저녁 시간의 차량과 사람의 이동량(경쟁점이 있으면 그곳을 확인)

② 매월 지원해 줄 수 있는 금액을 협의한다

지원금(장려금)은 메이저 편의점별로 가맹 계약에 금액을 정해 두는 경우도 없고, 당연히 받아야 하는 금액도 아니지만, 일반적으로 편의점끼리 경쟁이 심하다 보니 본부에서 일정 금액 지원해 주는 경우가 많다. 즉, 오픈 초기에는 매출이 많이 나오지 않을 가능성이 있고, 경쟁 브랜드에게 점포를 뺏기지 않기 위해 약간이지만 어느 정도는 지원해 주는 게 현실이다(특히 예비 점주가 오픈할 물건을 미리 확보하고 브랜드를 선택하는 경우 더욱 많은 금액을 지원받을 수 있다).

예를 들어, 기본적으로 임대차 계약 주체 여부에 따라 수익을 가져가는 배분율이 다르지만, 만약 70%(점주) : 30%(본부)으로 계약을 했다면 3~4% 정도를 추가로 지원해 주는 방식이다. 그러면 처음부터 73~74% : 26~27%의 배분으로 운영을 시작하는 것이니 오픈 전에 본부와 협의만 잘 된다면 다른 점포보다 좀 더 나은 조건으로 계약을 진행할 수 있는 것이다.

그러나 이러한 지원금을 모든 점포에 주는 것은 아니고 위에서도 언급했듯이 점주가 직접 임대차 계약을 한 점포일수록, 혹은 본부가 임대차 계약을 하였으나 매출에 대한 확신이 낮고 매출이 저조할 가능성이 클수록 많이 주는 경향이 있다.

다시 말해, 점주가 직접 임대차 계약을 체결한 경우는 다른 브랜드를 선택할 가능성이 있기 때문에 지원금을 적극적으로 주어서라도 자신의 브랜드로 오픈시키려 하는 것이고, 본부가 임대차 계약을 하였으나 매출이 저조할 가능성이 높은 경우에는 오픈은 하고 싶은데 상권이 미비하니 지원금을 주어서라도 점주를 구해야 하기 때문이다. 전자의 경우는 당연히 많이 받을 수 있는 브랜드를 선택하면 되지만, 후자의 경우는 매출이 저조할 경우 받을 수 있는 금액 자체도 적을 수 있으니 단순히 많이 준다고 무조건 개점을 하는 실수는 하지 말아야 할 것이다.

※ 질문 내용: 지원금을 얼마나 줄 수 있는지, 가맹 계약 기간 내내 주는 것인지, 중간에 해지 시 얼마나 반환해야 하는지 등

③ 공사에 대한 부분 역시 개발 담당과 협의한다

편의점 공사에 대한 진행과 비용은 모두 본부에서 부담한다고 언급한 바 있다. 그렇다 보니 당연히 모든 부분을 본부에서 알아서 한다고 생각할 수 있지만 아니다. 물론 초기 비용은 모두 본부에서 지급하지만, 만약 부득이한 상황이 발생하여 운영하는 중간에 해지라도 하게 되면 점주가 공사에 대한 잔존가를 위약금으로 물어내야 하는데, 본부에서 공사에 대한 비용을 지급하는 조건으로 점주에 대한 의무 계약 기간 60개월을 계약서에 명시해 놓았기 때문이다. 그러니 어떻게 보면 초기 공사는 본부에서 진행하지만, 점주는 의무 계약 기간이 있는 만큼 무리한 추가 공사는 아니더라도 어느 정도 필요한 부분은 강력히 요청해서라도 얻어 내야 하는 것이다.

그러나 편의점에 대해 잘 모르는 대부분의 예비 점주들은 이러한 내용 자체를 잘 모르기 때문에 대충 개발 담당이 해 준다는 공사에 대해서만 협의하는 경우가 많다. 이런 경우 오픈하고 난 후 추가로 공사를 요청하면 영업팀에서 이를 거부할 가능성이 크므로 불편하더라도 초기에 반드시 짚고 넘어가야 한다.

그중에서도 특히 전자레인지나 온수통, 온장고 등 가격이 저렴하고 크기가 작은 집기는 다행히 나중에 지원해 주기도 하지만, 규모가 큰 공사는 오픈할 때 제대로 하지 않으면 점주가 추가 비용을 지급할 수 있으니 주의하길 바란다.

그리고 좀 더 자세히 추가로 요구하면 좋을 공사에 대해 살펴보자면, 점포 앞에서 고객이 쉬었다 갈 수 있는 데크 공사, 원목 테이블, 지주 간판 혹은 유도 간판, 어닝, 어닝 조명 등이 있다. 이러한 공사는 비용이 큰 만큼 사전에 협의를 완료하고 오픈을 진행하는 게 좋을 것이다.

 여기에서 팁을 주자면 오픈에 대한 협의를 거의 완료한 후 한두 가지 추가 공사를 요구하고, 본부에서 해 주지 않을 시 오픈을 미루겠다고 하면 좀 더 쉽게 원하는 공사를 얻을 수 있을 것이다.

※ 질문 내용: 대략적인 공사 내용, 추가 공사 항목, 추가 공사가 어렵다면 그 이유와 다른 점포의 경우 어떠한지 등

 이렇듯 개발 담당과는 주로 개점 전 상권에 대한 분석이나 지원금, 공사에 대한 협의를 주로 진행하면 된다. 실제로 요즘처럼 메이저 편의점끼리 경쟁이 심한 경우 말도 안 되는 조건이 아니라면 웬만하면 해 주려는 분위기가 형성되어 있으니 오픈하려는 예비 점주 입장에서는 좋은 환경이라 할 수 있다. 그러니 단순히 갑의 입장에서 우기기보다는 운영에 대한 의지를 보이며 원만하게 협상하고자 한다면 좀 더 좋은 조건으로 오픈할 수 있을 것이다.

 그러나 혹시 이러한 지원에 집중한 나머지 가장 중요한 상권에 대한 분석을 제대로 하지 않고 오픈하여 매출이 잘 나오지 않는다면 아무 의미가 없기 때문에 개발 담당을 귀찮게 해서라도 계속해서 오픈 예정점을 방문하여 체계적으로 상권 분석을 해야 한다.

영업팀과는 운영 방향에 대한 상담을 위주로 한다

앞서 편의점을 오픈하기 전 해당 브랜드의 개발 담당과 반드시 다루어야 할 중점적인 상담 내용에 대해 살펴보았다. 이번에는 점포 운영을 위한 영업팀장과의 상담에 대해 알아보겠다.

개발 담당과는 주로 오픈에 필요한 전반적인 상황에(외부적인 내용) 대해 상담을 진행했다면, 영업팀장과는 오픈하기로 예정된 주변 점포의 매출에 대한 부분과 오픈 후 어떻게 운영할 것인지에 대한 대화를 주로 나누면 된다. 즉, 개발 담당과는 현재에 대한 주제를 주로 다룬다면 영업팀장과는 앞으로의 미래에 대한 주제를 중점적으로 얘기하면 되는 것이다.

그런데 안타깝게도 이러한 내용을 잘 모르는 예비 점주의 경우 개발 담당에게 주변 자사 점포들의 매출을 물어본다든지, 영업팀장에게 나중에 필요한 공사가 더 있다든지 하는 식으로 상담을 함으로써 거부당하기도 한다. 대화의 주제와 업무를 진행해 주는 주체가 다르니 당연히 거부당하는 경우가 더 많은 것이다.

그렇다면 지금부터 영업팀장과는 주로 어떤 내용으로 대화를 해야 하며, 어떠한 요청을 해야 효과적으로 원하는 부분을 얻어 낼 수 있는지에 대해 좀 더 구체적으로 알아보도록 하겠다.

① 주변 점포에 대한 매출 상승 분위기(추이)를 확인한다
가장 먼저 내가 오픈하고 싶은 예정 점포 주변의 매출과 최근 몇 년

간의 매출 추이에 대해 알아보아야 한다. 물론 아무리 자사 점포라 해도 다른 점포의 매출은 절대 알려주지 않겠지만, 최소한 매출이 올라가고 있는지 혹은 떨어지고 있는지에 대한 추세 정도는 알아볼 수 있을 것이다.

 즉 상권이 좋아지고 있어서 매출이 전년 대비 계속 증가하고 있는지, 아니면 상권이 침체되는 분위기라 매출이 하락하고 있는지에 대해 확인해야 한다(오픈 예정 점포와 가장 가까운 혹은 거리는 조금 멀지만 상권이 비슷한 점포를 위주로 파악한다).

 이 부분은 상당히 중요한 내용으로, 매출이 전년 대비 하락하는 추이는 확인하지 않은 채 현재 매출이 어느 정도인지만 확인하고 오픈을 결정했다가는 시간이 갈수록 계속해서 매출이 빠지는 최악의 결과가 나올 수 있다. 그러니 반드시 정보 공개 시 제공하는 서류 중 인근 점포 현황표를 확인하여 주변 해당 점포들의 매출(추이)에 대해 미리 영업팀에 문의하는 것이 좋다.

※ 질문 내용: 주변 상권의 전년 대비 매출 현황(추이), 오픈 예정 점포와 가장 가까운 점포의 매출 현황, 주변 점포 중 오픈 예정 점포와 입지가 가장 비슷한 점포의 매출 현황 등

② 운영 시 입지와 어울리는 컨설팅 방향에 대해 문의한다

 오픈 예정점에 대한 매출 현황 및 추이에 대한 상담이 끝났다면, 다음으로는 오픈 후 어떠한 방향으로 점포를 운영할지에 대한 상담을 해야

한다. 일반적으로 이 부분에 대한 문의를 거의 하지 않는데, 내 점포에 대한 방향이 정해지지 않으면 상품에 대한 발주나 공사 등 방향성이 전혀 없이 움직이게 된다. 따라서 만약 매출이 저조해지더라도 앞으로 어떻게 대응해야 할지 알 수 없게 된다.

다시 말해, 오픈 예정점에 대한 입지가 중/고등학생이 많은 학원가라면 사전에 영업팀과 협의하여 아이들에 대한 상품을 분석하고 발주하며, 매장 내부에 아이들이 쉬었다 갈 수 있는 좌식 테이블이 많이 들어갈 수 있도록 도면 수정 및 공사를 진행해야 한다. 또한 차량의 이동이 많은 로드사이드 입지라면 운전자들이 많이 구매하는 커피의 종류와 진열 공간을 늘려서 상품을 발주하고, 내부의 휴식 공간보다는 외부에서 커피를 마시며 잠시 쉬었다 갈 수 있는 데크 공사를 하면 매출에 도움이 된다.

이렇듯 오픈 전에 반드시 영업팀장과 오픈 예정점에 대한 입지를 분석하고, 거기에 맞는 상품의 발주를 요청하고 공사 도면을 정비하면 좋다(도면 작업인 개발, 상품 발주는 영업의 영역이지만 절대 따로 진행되어서는 안된다). 안타깝게도 프랜차이즈 편의점의 경우 업무 진행 시 개발과 영업이 서로 분리된 경향이 강하지만 예비 점주는 반드시 이 부분을 연결하여 상담하여야만 제대로 된 점포를 꾸밀 수 있으니 참고하길 바란다.

※ 질문 내용: 오픈 예정점과 비슷한 입지(상권)의 점포, 오픈 예정점과 비슷한 점포에서 매출이 높은 상품 카테고리, 입지에 어울리는 도면의 구성 등

③ 매출을 올리는 데 필요한 지원을 요청한다

 이제 마지막으로는 오픈한 다음 매출을 올리기 위해 본부로부터 받아야 하는 지원 부분을 구체적으로 협의하면 된다. 물론 모든 공사가 완료되어 오픈하게 되면 그때부터 본격적으로 매출을 올릴 사람은 바로 점주지만, 프랜차이즈인 만큼 본부에서도 어느 정도 지원해 주는 부분이 있으니 적극적으로 활용하면 좋다.

 예를 들어, 오픈 초기 커피 원두를 본부로부터 지원받아 방문(구매)하는 고객들에게 오픈 기념으로 일정 금액 이상으로 상품을 구매할 시 원두커피를 한 잔씩 준다든지, 입지를 고려하여 일부 특정 상품의 가격을 낮춰 초특가로 판매한다든지(라면이나 휴지 등), 일정 금액 이상 구매 시 종량제 봉투를 준다든지, 폐기에 대한 지원을 받아 간편 식사(도시락, 김밥, 샌드위치 등)를 주변 주민분들에게 돌리는 등 다양한 행사를 진행할 수 있다. 물론 이때 본부의 지원만 요청할 것이 아니라 점주도 함께 일정 금액을 나눠서 행사를 진행하면 본부에서도 더욱 적극적으로 지원해 매출을 올리려 할 것이다.

 그러니 이러한 행사 전에 영업팀장과 오픈 예정점의 입지에 어울리는 행사를 대략적으로 협의하고, 오픈 시 바로 진행할 수 있는 행사는 무엇이며 서로 어떤 식으로 부담할지 등에 대해 사전에 논의해 두면 오픈 후 시간 낭비 없이 바로 행사를 진행하여 초반에 매출을 올리는 데 큰 도움이 되니 참고하길 바란다.

※ 질문 내용: 본부 지원에는 어떤 것들이 있는지, 오픈 후 바로 지원해 줄 수 있는 행사가 있는지, 매출이 예상과 다를 시 어떤 지원이 가

능한지 등

  이렇듯, 영업팀장과는 점포를 오픈하고 앞으로 어떻게 운영해야 할지에 대해 주로 상담하는 것이 중요하다. 큰 금액은 아니지만, 점주는 본부에서 점포에 지원해 줄 수 있는 부분이 있는 만큼 영업팀장과의 관계를 잘 유지해야 한다. 추가로 필요한 공사가 있거나 매출이 저조하여 폐점에 대해 협의(손해배상금 면제)할 때도 영업팀장과 상담을 해야 하기 때문이다. 그러니 개발 담당과는 개점 전까지만 최대한 관계를 유지하여 얻을 수 있는 이득을 취하고, 개점 후에는 대부분 영업팀장과의 관계를 유지하여 필요한 사항을 요청하면 된다.

  여기에 더해 영업팀장의 연락처를 미리 알아두어 필요할 때 수시로 연락하여 점포 운영 상태 및 필요한 부분 등을 설명하며 친하게 지내면 나중에 도움이 필요할 때 요긴하게 활용할 수 있다(간혹 영업 담당이 따로 있다는 이유로 혹은 연락이 귀찮다는 이유로 명함을 주지 않는 경우도 있으니 반드시 먼저 요청하길 바란다).

원하는 지역, 상권 및 준비된 투자금을 얘기한다

 가맹 조건과 편의점 브랜드별 장단점 등을 어느 정도 분석한 뒤 본격적으로 창업을 진행하려고 한다면, 다음으로는 개발 담당에게 창업을 희망하는 지역과 상권(입지) 그리고 준비된 투자금을 알려주어야 한다. 그래야만 좀 더 구체적으로 미리 준비되어 있는 점포를 소개받을 수 있기 때문이다.

 여기서 중요한 점은 상담을 진행할 때 단순히 현재 준비되어 있는 점포를 보러 다니는 게 아니라 시간이 좀 걸리더라도 내가 원하는 위치에 나온 점포가 있는지 개발 담당을 통해 확인하는 것이다. 그래야만 단순히 본부에서 정해 준 점포 대신 내가 주도적으로 찾은 점포에서 운영할 수 있기 때문이다(이러한 문제로 인해 추후 매출이 저조할 경우 개발 담당을 원망하는 상황이 자주 발생하게 된다).

① 창업(오픈)을 희망하는 지역을 구체적으로 얘기해라

 어느 업종이건 창업을 하고 싶다면 우선 어느 지역에서 오픈을 원하는지 정하는 게 가장 먼저일 것이다. 좀 더 구체적으로 말하면 최우선 선호 지역부터 어느 지역까지는 운영이 가능한지 등을 자세히 알려주어야 한다. 예를 들어, 일산 동구 ○○동을 가장 원하고 □□동까지는 가능하지만, △△동까지는 운영이 어려울 거 같다는 식으로 알려주어야 하는 것이다. 그래야 개발 담당이 단순히 현재 비어 있거나 사전에 확보한 좋지 않은 물건을 소개하는 대신 구체적으로 예비 점주의 조건에 맞는 점포를 찾기 때문이다.

여기에 더해 어느 정도의 매출이 나오면 일산 서구까지도 가능하다는 식으로 좀 더 구체적으로 말하면 일산 서구를 담당하는 개발 담당과도 연락하며 좋은 점포를 찾을 수 있다. 따라서 반드시 그냥 물건이 아닌 내가 원하는 물건을 말함으로써 좀 더 좋은 물건을 찾고자 노력해야 한다.

또한, 되도록 운영 가능한 지역이 넓을수록 좋다. 지역이 넓을수록 개발 담당들이 가지고 있는 물건도 많아 좋은 점포를 고르기가 더욱 수월해지기 때문이다.

② 원하는 상권(입지)을 얘기해라

원하는 지역을 정했다면, 다음으로는 원하는 상권 혹은 입지에 대한 얘기를 해야 한다. 즉, 학생들의 이동이 많은 학교 혹은 학원이 모여 있는 곳을 원하는지, 술집이 즐비하게 있는 유흥가를 원하는지 아니면 가족들이 모여 사는 주택가(아파트)를 원하는지 등 운영하고 싶은 상권에 대해 구체적으로 얘기해야 한다. 물론 어느 곳이건 상권만 잘 형성되어 있다면 입지에 상관없이 매출이 높을 테지만, 그런 곳은 찾기도 힘들뿐더러 잘못 골랐다가는 매출도 저조하고 재미도 없으니 운영에 대한 의욕도 당연히 떨어지게 된다(실제로 아이들을 싫어하는 점주가 단순히 괜찮은 매출이 예상된다는 이유로 초등학교 앞에 점포를 오픈하여 운영 기간 내내 적은 객단가 및 라면 국물 청소로 인해 굉장한 스트레스를 받았던 사례도 있었다).

따라서 처음부터 어느 정도의 매출이 예상되면서도 내 성격과 맞을 만한 입지를 개발 담당에게 자세히 얘기해야 한다. 내 성향이 아이들과 잘 맞으면 학교나 학원 앞 입지를, 동네 주민들과의 친화력에 자신이 있다면 아파트 상가 입지를 요청하는 식으로 말이다.

위에서 언급했듯이 가끔 초등학교 앞에 점포를 오픈한 뒤 어린이 고객이 많아 돈도 안 되며, 귀찮고 짜증만 난다는 점주를 만나면 '사전에 이런 준비도 없이 오픈했구나' 하는 생각이 들어 안타깝기 그지없다.

③ 준비된 투자금을 얘기해라

마지막으로는 현재 준비된 투자금을 개발 담당에게 얘기하는 것이다. 이 부분에서 군이 왜 투자금을 개발 담당에게 얘기하는지 궁금해할 수 있겠지만, 그래야만 개발 담당도 예비 점주가 어느 정도의 투자금과 수익을 원하는지 알 수 있다.

즉 예비 점주가 저렴하고 안전한 투자금에 적당한 이익금을 원하는지, 아니면 권리금이 있어도 공격적인 투자를 통해 좀 더 많은 이익금을 원하는지 말이다. 그러니 상담을 진행할 때 점주 임차형의 가맹 조건을 원한다면 권리금은 얼마까지 가능하며 보증금까지 1억 원 정도가 준비되어 있으며 1,000만 원 이상의 이익금을 원한다든지, 투자금이 5,000만 원 정도 준비되어 있고 안전하게 투자하고 싶으며 대신 700만 원 정도의 좀 낮은 이익금을 얻어도 된다든지 하는 식으로 상담하는 것이다(다만, 터무니없이 낮은 금액으로 높은 이익금을 원하면 상담 자체가 안 되니 적정선을 가지고 얘기해야 한다).

편의점 창업을 희망하는 모든 예비 점주들이 같은 투자금과 같은 이익금을 원하지는 않을 것이다. 그러니 현재의 내 상황에 맞게 무리하지 말고 창업에 임해야 나중에 생길 문제에도 대응할 수 있으니 참고하길 바란다.

상담할 때는 '지금'이 중요하다

프랜차이즈 편의점 창업을 준비하다 보면 본부측 개발 및 영업 관련자들과 다양한 면담을 하게 될 것이다. 편의점 운영을 시작하는 가장 일반적인 방법으로는 신규점 오픈과 기존 운영 점포 양도양수(전환)이 있다.

즉 처음부터 임대차 계약을 한 뒤 직접 혹은 본부에서 얻은 물건에 새롭게 공사를 진행하여 새로 시작하는 방법을 택할 경우 주로 개발 담당과 상담을 진행하게 되며, 기존에 운영하던 점포를 매출이 저조하거나 혹은 점주의 개인 사정(?)에 의해서 넘겨받게 될 경우 주로 영업팀과 상담을 하게 된다.

그리고 이 두 가지 방법 중 어떠한 방식을 택하느냐에 따라 상담하는 상대(개발팀이냐 영업팀이냐)와 그 내용(상권 분석이냐 장려금 요청이냐)이 달라지니 사전에 기본적인 내용을 알고 상담에 임하면 상대방의 감언이설에 넘어가지 않고 꼭 필요한 정보와 혜택을 받을 수 있을 것이니 참고하길 바란다.

① 신규점의 예상 매출은 좀 더 꼼꼼히 살펴보자

 우선 개발 담당과 상담하여 신규점 오픈을 희망할 경우에는 기존에 나와 있는 매출이 없고 앞으로의 예상치만 따져야 하기 때문에 여러 가지 항목을 좀 더 꼼꼼히 살펴봐야 한다. 다시 말해, 상권에 대한 분석이나 주변 인근 점포의 매출에 대해서도 최대한 보수적으로 접근하여야 한다.

 물론 편의점을 처음 운영하는 상황에서 매출에 대해서 궁금해하고 물어보는 건 당연할지도 모른다. 그러나 대부분의 예비 점주들은 스스로 구체적인 분석을 하기보다는 단순히 개발 담당이 하는 말에만 의존하여 그냥 '매출이 얼마나 나올 거 같냐'는 식의 질문만 하는 경우가 허다하고, 개발 담당 역시 대부분 '얼마 정도 나올 거 같다'는 식으로 일차원적인 대답을 하곤 한다. 주변 아파트 세대수는 얼마나 되는지, 세대수가 1,000세대 정도이면 어느 정도의 매출이 나오는지, 사람들의 이동 동선은 어떠한지 등 근거에 바탕을 둔 질문이 아니라 그냥 얼마나 나올지 궁금하기 때문에 질문하는 것이다. 더욱이 안타깝게도 그런 아무런 의미도 없는 질문에 대부분이 그 예상 매출에 대해 높은 수치를 답해 주기를 희망한다. 그리고 오픈한 후 매출이 저조하면 자연스럽게 개발 담당을 원망하는 답답한 상황이 이어지는 것이다.

 다음으로 주의해야 하는 분석은 절대 개발 담당이 알려주는 인근 점포의 매출만 보고 내 점포의 예상 매출을 산출해서는 안 된다는 점이다. 보통 개발 담당들은 오픈하려는 예정 물건지에 대해 설명하며 인근에 위치한 자사 혹은 타사 점포의 매출이 잘 나온다는 예시를 드는 경우가 많다. 그러나 문제는 그 상권과 내가 오픈할 점포는 상권 자체가 다를 수 있다는 것이다. 단순히 거리가 가까울 뿐, 차량 및 사람들의 이동 동선이 다른데 어찌 매출이 비슷하게 나오겠는가. 실제로 거리는 500m도 넘지 않은 가까운 위치에 있으나 인근 매출이 높은 점포에 비해 내 점포의 매출이 절반도 안 나와 본부에 사기를 당했다고 하는 경우가 종종 있으니 인근 점포의 매출은 참고하는 수준으로만 보길 바란다.

② 기존 점포의 매출은 미래보다 지금에 집중하자

두 번째로 기존에 운영하던 점포를 양도양수(전환) 받는 경우는 최근의 매출이 나와 있기 때문에 신규점보다는 좀 더 안정적인 상태에서 시작할 수 있다는 장점이 있다. 다만, 기본적으로 본부에서 소개받는 기존 점포들은 매출이 높은 점포보다는 낮은 점포일 가능성이 크다. 왜냐하면 매출이 높은 점포를 다른 사람에게 양도할 경우 좋은 점포이니 보통 자신(기존 점주)이 아는 사람에게 넘겨도 충분히 양도할 수 있어 굳이 본부에 의뢰할 필요가 없기 때문이다. 즉, 양도양수(전환)가 공개적으로 나온 점포의 80~90%는 매출이 저조할 확률이 높고, 여기에 본부에서 일부 지원금을 주어서라도 해당 점포를 운영할 사람을 찾는 경우가 대부분일 것이다. 그러니 반드시 현재의 매출에 대한 분석이 필요한 것이다.

결국 이러한 점포를 양수 받을 때에는 지원금을 포함하여 매월 나오는 이익금으로도 충분히 만족하느냐에 포인트를 맞춰서 인수 여부를 선택해야 한다는 점이 가장 중요하다.

편의점 본부에서는 아직은 매출이 저조하여 지원금을 많이 줄 수도 없고, 운영할 사람을 구해야 할 때 이러저러한 이유로 인해 매출이 현재보다는 상승할 것이고, 매출이 상승하면 추가로 더 많은 이익금을 받을 수 있다는 식으로 상담해 준다. 그러나 절대 현혹되어서는 안 된다. 매출이 저조하다면 그만한 이유가 있는 것이다. 물론 운영이 정말 형편없어서 매출이 저조한 경우도 있지만 그렇지 않은 경우도 많으며, 이러한 내용을 초보자들이 자세히 분석하기는 쉽지 않다.

그러니 양도양수(전환)의 경우에는 반드시 앞으로의 매출에 따른 이익금이 아닌 현재의 매출에 따른 이익금으로도 버틸 수 있느냐에 중점을 두고 운영 여부를 결정해야 한다.

③ 상담 내용은 기록해 두어라

그리고 마지막으로 상담 시 주의할 점으로는 메모하는 습관을 들 수 있다. 물론 기본적으로 정보 공개 시 제공받는 계약서에 나와 있는 내용은 별도 기록할 필요가 없겠지만, 그 외 내용은 적어 두면 나중에 효과적으로 활용할 수 있다(또한 상담 시 예비 점주의 메모하는 모습은 본부 직원으로 하여금 긴장하게 만들어 오픈을 하기 위해 과장된 내용으로 대화를 하기 어렵게 만든다는 장점도 있다).

특히 신규점의 초기 공사 시 일반적인 항목에 몇 가지를 추가하여 진행해 준다는 공사 내용이나, 기존점을 양도양수(전환) 받는 경우 앞으로 이런 부분을 개선하면 매출이 얼마 정도 오를 것이라거나, 운영하면서 행사에 대해 지원해 주겠다는 등의 내용으로 상담을 진행했다면 담당자와 상담 일시를 함께 기록해 두면 좋을 것이다.

편의점의 특성상 점주는 60개월이라는 오랜 의무 계약 기간 동안 지점을 운영하게 되지만, 본부의 직원들은 수시로 바뀌는 경우가 일반적이라 서로 모른다고 할 수 있다. 즉 개발 담당이나 영업 담당 모두 1~2년 사이에 다른 곳으로 발령이 나고 새로운 담당이 오면 보통 흐지부지되는 경우가 자주 발생하니 반드시 대화를 나눈 담당자와 함께 기록해 두면 추후 다시 협의가 가능하니 잊지 말고 꼭 챙기길 바란다.

운영 시간은 신중히 고민해라

편의점 창업 준비를 하면서 제일 중요한 것이 운영할 점포의 상권 분석 및 위치(입지) 선정이라면, 다음으로는 영업 시간에 대한 부분이라고 할 수 있겠다. 물론 대부분의 편의점이 업종의 특성상 어쩔 수 없이 24시간 운영을 택하지만 일부는 19시간을 운영하는 점포도 있듯이 해당 위치에 따라 초기에 어떤 방식으로 운영할지 신중하게 결정해야 할 것이다. 특히 초기에 운영 시간이 한 번 정해지면 추후 다시 변경하기가(본부와 협상하기가) 생각보다 쉽지 않기 때문에 반드시 오픈하기 전에 결정해야 한다.

또한, 이러한 운영 시간은 단순히 짧고 길다는 시간적인 측면의 문제가 아니라 운영하면서 발생하는 매출에도 영향을 받고(수입), 추가로 나가는 인건비에도 영향을 받으며(지출), 경쟁하고 있는 주변 편의점과의 대응에도 연관이 있으니 여러 가지를 복합적으로 분석하여 결정하는 것이 좋다.

다만, 이마트24를 제외한 GS25, CU, 세븐일레븐 등의 메이저 프랜차이즈 편의점의 경우 대부분 24시간 운영을 선호하고 오픈을 유도하기 때문에 편의점 운영에 대해 잘 모르는 초보자라면 24시간과 19시간 운영은 협의 시 선택이라기보다는 약간의(?) 강압으로 느껴질 수도 있다. 그러니 단순히 밤에는 방문하는 고객이 없을 거 같다는 식의 단순한 분석보다는 주변 점포의 저녁 매출과 야간 시간대 유동 인구 등을 잘 확인하여 본부와 체계적으로 협의해야 한다.

① 경쟁점이 있는 점포는 24시간 운영을 해야 한다

만약 오픈하려고 하는 점포의 주변에 메이저 편의점이 있다면 반드시 24시간 운영을 추천한다. 이유는 두 가지로 나누어 얘기할 수 있는데, 우선 경쟁점이 있다면 보통은 단독으로 24시간 운영 중일 가능성이 큰데, 그렇다면 야간 시간에 매출이 어느 정도 있기에 24시간 운영을 하고 있을 가능성이 크기 때문이다(물론 본부와의 계약으로 인해 어쩔 수 없이 문을 열고 있기도 하지만). 그러니 그 경쟁점 옆에 내가 오픈하려고 한다면 당연히 나도 24시간 운영을 해야 상대방의 야간 매출(고객)을 일부라도 뺏어올 수 있다. 만약 반대로 경쟁점이 19시간 운영 중이라면, 내가 더욱 적극적으로 24시간을 운영하여 경쟁점 매출을 최대한 가져온 후 자연스럽게 폐점을 하게끔 하는 방법도 좋을 것이다. 일부 예비 점주들은 경쟁점도 야간 매출이 저조한데 어쩔 수 없이 하는 것이라며 19시간 운영을 요청하기도 하는데, 자칫 잘못했다가는 매출이 추가로 하락할 수 있으니 주의해야 한다.

두 번째 이유는 경쟁점이 24시간 운영 중이고 내가 19시간을 운영하면 매출이 생각보다 많이 빠질 확률이 높기 때문이다. 단순히 경쟁점과 비교해서 '5시간 정도 운영 시간이 적으니 그만큼 야간 매출만 낮아질 것'이라 생각하는데 잘못된 판단이다. 보통 문을 닫는 시각의 1시간 전후로 7시간 정도의 매출이 빠지는 게 일반적이기 때문이다(실제로 24시간을 운영하다 19시간으로 바뀌면 5시간이 아닌 6~7시간의 매출이 하락한다). 또한 주간에 우리 점포에 오던 고객들도 야간에 문을 닫아서 경쟁점으로 한두 번 가게 되면 낮에도 경쟁점에 방문할 확률이 크기 때문에 생각하는 것보다 위험하다고 할 수 있겠다.

결국, 이런 경우 서로 버티다 19시간을 운영하는 점포가 먼저 폐점할 확률이 높기 때문에 힘들더라도 경쟁점이 있으면 반드시 24시간을 운영하기를 추천하는 바이다.

② 로드사이드 혹은 외곽 입지는 19시간을 선택해라

주변에 고정적인 배후 상권이 적고 차량의 이동이 대부분인 로드사이드 입지나 저녁 시간대에 유동 인구가 별로 없는 한적한 시골의 외곽 같은 경우는 웬만하면 19시간 운영을 요청하는 게 좋다. 서울이나 수도권 같은 경우에야 밤에도 삼삼오오 모여서 놀거나 술을 마시고 이동하는 사람들이 많겠지만, 어르신들이 많은 지방의 시골의 경우는 조금만 어두워져도 이동하는 사람들이 바로 끊기고, 늦게까지 술을 마시는 사람들도 많지 않기 때문이다. 물론 시골도 어느 정도의 시골이냐에 따라 다르겠지만, 대부분 밤 8시만 되도 어두워지면서 사람들의 이동이 거의 없는 곳이 상당히 많다.

그리고 이런 곳에서는 당연히 심야에 매출이 많이 나올 가능성도 적으며, 일하는 스태프를 구하는 것 역시 만만치 않아 더욱 어려움을 겪을 수밖에 없다. 그러니 외곽 입지에서 편의점 창업을 준비하는 예비 점주일수록 최소한 일주일 정도는 18시부터 24시까지 해당 상권에 머무르면서 사람들의 혹은 차량의 이동이 어느 정도인지 직접 눈으로 확인해야 한다. 그렇지 않으면 정말 밤 12시부터 다음 날 오후 7시까지 10만 원도 못 팔고 오히려 인건비가 더 많이 발생하는 최악의 경우를 맞이할지도 모른다.

③ 야간 인건비는 생각보다 많이 지출된다

마지막으로는 24시간 운영 시 당연히 19시간에 비해 인건비가 많이 들어간다는 점을 들 수 있다. 언뜻 보면 단순히 5시간 정도 차이가 생기니 그 정도의 비용만 더 발생할 거라고 생각하겠지만 그렇지 않다 (23년 기준 5시간 근무 시 한 달 급여: 9,620원 × 5시간 × 30일 = 1,443,000원). 그 이유는 야간 근무 시간인 01~06시까지 5시간만 딱 일할 사람을 구하기는 쉽지 않기 때문이다. 해당 시간대에는 자차가 아니면 이동할 수 있는 교통수단이 부족하기 때문에 적어도 23~07시 정도까지는 일하게끔 하는 게 일반적으로, 설령 점주가 더 근무하고 싶더라도 야간 스태프의 근무 시간을 늘려줄 수밖에 없다.

더욱이 편의점은 비록 5인 근로자 미만 사업체로 야간 시간 급여 1.5 배의 업종에 포함되지는 않지만, 그래도 야간 스태프는 주간에 일하는 스태프와 완전히 같은 금액으로는 일하려 하지 않는 경향이 있어 좀 더 챙겨 줘야 하기 때문에 당연히 인건비는 증가하게 된다.

이러한 이유로 간혹 점주가 직접 야간 근무를 하는 점포를 종종 볼 수 있는데, 필자는 이러한 방식을 추천하지 않는다. 물론 기본적으로 매출이 저조하여 어쩔 수 없이 근무하는 경우라면 제외하겠지만, 그렇지 않고 단순히 비용을 줄이기 위해서라면 하루 중 가장 매출이 높은 오전 및 오후에는 스태프들이 근무하고 가장 한가한 밤에는 점주가 근무하는 건 단골 고객 확보에도 어렵고 점포 관리도 잘 되지 않아 매출이 하락하는 결과를 보일 가능성이 크기 때문이다.

결론적으로, 이러한 다양한 상황을 분석한 후 운영 시간을 결정해야 하며, 만약 24시간 운영을 결정하더라도 야간에 매출이 최소 20만 원 이상은 나와야 인건비가 어느 정도 충당되는 만큼 신중히 결정하길 바란다.

3단계 점포 소개

신규점 오픈 시 유의점 알아보기

 예비 점주가 편의점을 운영하는 방법에는 새로운 물건을 공사 및 보수해서 신규로 오픈하는 방식과, 기존부터 운영하고 있던 점포를 양도(전환)받아 연속적으로 영업하는 두 가지가 있다고 하였다. 그리고 어떠한 방식으로 운영을 시작하느냐에 따라 살펴보아야 할 부분이 달라지는데, 이는 어떤 부분에 유의하느냐에 따라 점주가 가지고 가는 수익이 달라질 수 있기 때문이다.

 이는 주식과 적금에 빗대어 설명할 수 있다. 즉, 신규점은 새로운 상권에 새로운 점포를 오픈하는 만큼 예상보다 매출이 높으면 대박이 날 수도 있지만 그렇지 않으면 쪽박을 찰 수도 있는 주식과 같다면, 기존 점포의 양도양수는 예전부터 나오던 매출이 있고 그 매출에서 크게 상권이 달라지지 않는 이상 떨어지지도 않지만 오르지도 않는 그런 안정감이 있는 적금과 같은 것이다.

① 예상 매출은 말 그대로 예상에 불과하다

보통 편의점 창업을 위해 본부의 개발 담당과 상담을 하면서 예비 점주가 가장 많이 물어보는 내용은 바로 해당 점포에 대한 예상 매출일 것이다. 물론 편의점을 자아실현을 위해 오픈하지 않는 이상 돈을 버는 게 가장 중요한 목적일 것이니 궁금해하는 것은 어쩌면 당연할지도 모른다.

다만, 문제는 이러한 개발 담당이 제시하는 예상 매출이 터무니없는 경우가 너무 많다는 것이다(편의점 간의 경쟁이 심해지고, 그만큼 오픈할 점포가 없어지는 요즘 신규점의 매출은 더욱 낮아지고 있다). 본부에서 신규점 오픈에 대해 심하게 압박하고, 점포 수가 워낙 많다 보니 새로 오픈할 만한 물건이 많이 없는 만큼 매출에 대한 분석 역시 세밀하지 않다는 것이다. 실제로 상권에 대한 구역이 다른데도 불구하고 인근에 있다는 이유로 매출을 비슷하게 책정한다든지, 단순히 주변 점포의 평균 매출로 정한다든지 하는 경우가 수두룩하다. 더욱이 예상 매출을 일정 수준으로 책정하지 않으면 본부에서 오픈에 대한 결재가 나지 않는 경우가 있어 대충 일괄적으로 일 매출 170만 원 혹은 180만 원으로 기재하기도 한다(그러나 실제로 오픈하면 100만 원 내외인 경우가 수두룩하다).

그러니 개발 담당의 예상 매출은 그냥 예상이라 생각하고 직접 주변 주택의 수나 사람들의 이동 동선, 주요 객층 등을 꼼꼼히 분석하여 예상 매출과 어떻게 다른지 스스로 구체적으로 비교하길 바란다.

실제로 개발 담당들도 예상 매출을 잘 모르는 경우가 허다하며, 이렇게 허술한 예상 매출만을 믿고 오픈한 뒤 개발 담당을 원망하는 신규점 점주들이 상당히 많은데, 그때는 후회해 봐도 이미 늦은 상태이며 본부에 아무리 항의를 해 봐도 아무것도 책임져 주지 않으니 본부에서 알려주는 대략적인 예상 매출에 너무 의존하지 않기를 바란다.

② 인근 점포의 매출 유혹에 속지 마라

이러한 예상 매출을 구하는 가장 손쉬운 방법으로는 주변에 있는 인근 10개 정도의 점포 매출의 평균을 산출하는 방법이 있다. 그래서 그런지 신규점을 오픈하려 하면 우선 개발 담당이 차로 돌아다니면서 주변에 있는 점포들의 대략적인 매출을 알려줄 것이다.

이러한 방법은 물론 상권이 비슷하다면 문제가 없겠지만 조금이라도 달라진다면 매출 차이가 상당할 수 있다는 문제점이 있다. 예를 들어 아무리 인근에 매출이 잘 나오는 점포가 있더라도, 그 점포는 학원과 차량의 이동이 많고 내 점포는 주택가라면 거리랑 상관없이 다른 상권으로 봐야 한다. 또한 비슷하게 차량이 많은 상권이라도, 경쟁점은 주차 공간이 넓고 내 점포는 주차 공간이 협소하다면 매출은 하늘과 땅 차이가 날 것이다.

그리고 실제로 인근 타사 경쟁점에서 매출이 250만 원 나온다고 해서 편의점을 오픈하였으나 차량 이동 동선이 전혀 달라 거리상으로는 가까움에도 불구하고 우리 점포는 100만 원도 안 나오는 경우를 본 적도 있을 만큼 단순히 거리만 비교했다가는 생각지도 못한 매출상의 어려움을 겪을 것이다.

그러니 인근 점포와의 매출을 비교하고 싶다면, 우선 거리를 확인한 후 다음으로는 상권이 비슷한지 확인하고, 마지막으로 이동하는 동선이 겹쳐지는지까지 꼼꼼히 확인해야 위와 같은 실수를 하지 않을 것이다.

③ 공사와 교육 일정을 동시에 잡지 마라

신규점을 오픈할 때 특히 신경을 써야 하는 부분으로 바로 점포 공사를 들 수 있다. 간혹 비용을 본부에서 부담하기 때문에 알아서 해도 된다는 예비 점주들이 있는데 상당히 잘못된 생각이다. 간혹 중간에 폐점이라도 하게 되면 남아 있는 인테리어 잔존가를 물어내는 주체도 점주이고, 집기에 대한 철거비도 점주가 부담하기 때문이다. 또한 이러한 공사비를 본부에서 지원한다는 조건으로 점주가 의무적으로 60개월 동안 운영해서 본부와 배분율에 따라 수익을 나눠 갖는 게 아닌가? 그러니 당연히 공사를 진행하는 데 있어서 점주의 권한도 있는 것이며, 필요한 부분은 본부에 정당하게 요구해도 되는 것이다.

그러나 안타깝게도 대부분의 편의점 회사들은 개점을 하루라도 빨리 하기 위해 이렇게 중요한 공사 기간에 예비 점주들을 본부에서 받는 교육 과정에 입과 시키고 있다. 즉 본부가 점포에 대한 공사를 시작함과 동시에 점주는 그 기간에 교육을 받아야 하기 때문에 공사가 제대로 진행되는지 점검조차 할 수 없는 것이다. 결국 교육을 모두 받고 나오면 거의 모든 공사가 마무리되어 있을 텐데, 점주가 원하는 대로 공사가 되어 있지 않아 종종 본부와 마찰이 생기기도 한다.

그러니 애초에 개발 담당자에게 얘기해서 교육을 받은 후 공사를 시작하도록 일정을 넉넉히 잡아 놔야 이러한 불상사를 사전에 차단할 수 있을 것이다.

④ 초도 상품 검수는 가족 모두가 나와서 해라

신규점 오픈은 기존 점포 양도양수(전환)와 달리 상품을 모두 새로 받아야 한다. 즉, 기존에 운영하던 점포를 양도받는 경우 기존 점주가 운영하는 상품 역시 그대로 양도받는 게 일반적이지만(물론 양도양수일이 다가오면 기존 점주는 어느 정도 상품을 줄이고, 신규 점주는 원하는 상품을 추가로 발주한다), 신규점의 경우는 본부 신점팀에서 오픈할 때 필요한 상품을 모두 발주하는 것이다. 그리고 그 금액은 매장 평수에 따라 다르지만 일반적으로 담배를 제외하고 원가로 1,500만 원내외인 경우가 많다. 그리고 이렇게 많은 양의 상품들이 제대로 들어왔는지 검수(전표와 물건이 맞는지 확인하는 작업)를 해야 하는데, 상품의 종류와 양이 많아서 제대로 확인도 하지 않고 진열하는 경우가 생기고, 이 때문에 재고 로스(전표에는 들어왔다고 표시되어 있으나 실제로 점포에는 물건이 없는 경우)가 발생하여 점주가 불필요한 비용을 물게 되기도 한다.

그러니 오픈 전 처음으로 많은 상품이 들어오는 날에는 가족 혹은 지인들에게 최대한 연락하여 꼼꼼하게 검수를 해야만 재고가 차이 나는 상황을 방지할 수 있다. 실제로 20년 이상 개인 슈퍼를 운영하다 편의점으로 바꾼 엄청 꼼꼼한 점주도 혼자서 검수를 하다가 제대로 진행되지 않아 30만 원 정도의 재고 로스로 아까운 돈을 날린 경우를 본 적이 있으니 주의하길 바란다.

기존점 양도양수(전환) 시 유의점 알아보기

기존점은 신규점과 다르게 매출에 대한 데이터가 어느 정도 축적되어 있는 만큼 좀 더 안전하다고 할 수는 있겠으나, 오래전부터 운영하던 점포를 넘겨받는 만큼 각종 인테리어나 집기가 오래되어 사용하기에도 불편하거나 매장 내 이미지가 어두워 보인다는 단점도 있다.

또한 몇 년간 쌓인 각종 데이터는 어느 정도의 안정적인 매출이 나온다는 증거이기도 하지만, 반대로 시간이 지나도 매출이 상승하기가 쉽지 않다는 뜻이기도 하니 장단점을 잘 분석하고, 주의할 부분을 잘 챙겨 손실을 볼 일이 없도록 해야 할 것이다.

① 매출은 현재에 집중해라

 기존점에 대한 양도양수(전환) 시 가장 중요하게 상담해야 하는 부분이 바로 매출에 대한 자세한 분석일 것이다. 그 이유는 물론 매출이 높은 점포가 나오기는 경우도 간혹 있지만(대부분 그런 점포는 점주가 권리금 등을 요구하면서 지인에게 넘기는 경우가 많아 초보자인 예비 점주에게까지 넘어오기 쉽지 않다), 80~90%는 매출이 저조한 점포에 본부에서 지원금을 추가로 주며 운영할 것을 권유하는 경우가 많기 때문이다. 이런 경우 보통은 본부에서도 손익이 좋지 않을 가능성이 크기 때문에 지원금을 많이 주지는 못한다. 그러면 본부는 예비 점주에게 지금은 이익금이 다소 부족하겠지만 매출이 상승할 가능성이 크며, 매출이 오르면 이익금도 당연히 커지니 한번 운영해 보는 게 어떠냐며 추천할 것이다.

 그럼 이런 상황에서 예비 점주라면 어떻게 대응해야 할까? 정답은 절대로 넘어가지 말아야 한다는 것이다.

 아마 본부에서는 현재의 점주가 운영 능력이 좋지 않아 매출이 많이 하락하였으며, 새로 운영하면서 점포를 바꾸면 매출이 오를 거라는 감언이설로 운영을 유도하겠지만 그게 생각보다 쉽지 않다는 게 문제이다. 또한 기존에 운영하던 점주도 처음에는 매출이 좋았으나 소용이 없어 점포를 엉망으로 운영하게 된 건지도 모른다. 그러니 단순히 지금은 좋지 않으니 점포를 깨끗하게 새로 바꿔서 운영하자는 미래에 대한 예상 손익을 설명하며 설득하려 한다면 바로 거절하고, 현재의 손익으로도 운영이 가능할 정도까지 지원금을 준다면 생각해 보겠다는 식으로 영업팀에 확실히 의견을 알려주어야 한다.

② 추가 공사는 반드시 진행해야 한다

기존 점포에 대한 양도양수(전환) 시 가장 큰 단점 중 하나는 바로 운영하던 점포를 인수하는 상황이라 신규점만큼 점포 상태가 깨끗하지 않다는 것이다. 이러한 이유로 고객들은 점주가 새로 바뀌어도 점포는 그대로이니 뭐가 달라졌는지 인지하기 쉽지 않고, 그러다 보니 당연히 매출을 올리기에도 생각보다 시간이 걸리는 경우가 발생하기도 한다.

그러니 양도양수를 하는 경우는 처음부터 반드시 어느 정도의 공사를 본부에 요청해야 하는데, 이러한 공사 진행에도 비용 문제로 인해 순서가 정해져 있으니 미리 알아 두면 좋을 것이다.

즉, 영업팀에서도 공사를 진행할 때 지출 가능한 비용은 한정되어 있다 보니 고객이 먼저 인지하게 되는 인테리어부터 진행하고, 그다음 예산의 여유가 있다면 고장의 염려가 있는 집기를 교체하는 순서로 진행해야 매출에 도움이 된다는 뜻이다. 그러나 안타깝게도 이러한 내용을 잘 모르는 예비 점주들이 고객보다는 본인이 사용하기에 편한 집기(도시락/유제품 냉장고, 진열대, 전자레인지 등)부터 공사하여 고객에게는 아무런 변화를 느끼지 못하게 하는 실수를 범하는 경우를 많이 본다. 이럴 경우, 집기는 교체되어 깨끗할지는 몰라도 고객이 점포에 방문하여 느끼는 변화는 미비할 것이며 당연히 매출의 상승에는 적은 영향을 끼치게 될 것이다. 또한, 집기의 경우 원칙적으로 본부 소유이기 때문에 나중에 고장이 나더라도 점주가 아닌 본부에서 교체해 줄 수밖에 없으니 미관상 고객에게 좋지 않은 수준이라면 몰라도 비용을 들여 미리 교체할 필요까지는 없다. 그러니 공사는 되도록 고객의 인지가 빠른 천장 도색, LED등 교체, 데크 보수 및 설치, 어닝 보수 및 설치 등의 인테리어부터 진행하기를 추천한다.

③ 기존 시설 인테리어 잔존가를 확인해라

기존 점주에게 점포를 넘겨받을 시 확인해야 하는 부분 중 하나는 바로 인테리어 잔존가이다. 그 이유는 바로 혹시 모를 폐점 시 발생할 수 있는 비용에 대한 부분 때문이다. 즉, 만약 오픈한 지 얼마 되지 않아 점포를 넘기는 경우라면 예비 점주는 새로 오픈하는 것도 아니라 사용하던 집기를 인수하고, 거기에 잔존가마저 떠안기 때문에 이래저래 좋은 상황은 아니라고 할 수 있겠다.

차라리 이럴 거면 시설 인테리어 잔존가가 모두 완료된 오래된 점포를 인수하여 필요한 공사만 추가로 새로 하는 편이 더 낫다. 그러면 적어도 혹시 모를 폐점 시에도 새로 진행한 공사에 대한 잔존가만 물어내면 되니 덜 억울할 것이며, 그 금액도 얼마 되지 않기 때문이다.

그러니 되도록 오픈한 지 2~3년 된 점포가 양도양수로 나오면 뭔가 문제가 있는 점포일 가능성이 크며, 추가로 잔존가도 떠안을 위험이 있으니 되도록 제외하길 바란다(오픈하고 얼마 버티지 못하고 양도양수를 요청했다는 건 특별한 경우를 제외하면 매출이 저조하고 상승이 어려울 가능성이 크다).

④ 상품은 유통기한을 확인하고 받아라

양도양수 시 기존에 운영하던 상품을 넘겨받는 부분은 신규점과는 좀 다른 측면에서 주의해야 한다. 신규점의 경우 처음부터 모든 상품을 새로 발주하고, 제대로 들어왔는지 체크해야 하기 때문에 눈으로 직접 모든 상품을 확인하는 검수가 중요했다면, 양도양수는 기존 점주가 운영하던 상품을 그대로 받는 경우이기 때문에 받을 상품과 안 받을 상품을 구분하고 유통기한이 초과되거나 임박한 상품을 사전에 제외하는 업무가 상당히 중요하다.

즉 양도양수를 하는 날로부터 며칠 전부터 기존 점주에게 받고 싶지 않은 상품들을 사전에 알려주고, 또한 유통기한에 대한 부분도 정확히 협의해야 한다. 예를 들어 유통기한 마감일에 대해 협의할 때 유제품은 일주일 내외, 라면과 과자는 한 달 이내, 냉장 안주는 이번 달까지 등과 같은 방식으로 구체적인 기간을 정해 기간 이내의 상품은 예비 점주가 받고 이외의 상품들은 기존 점주가 처리하게끔 해야 한다.

물론 예비 점주의 입장에서는 모든 상품을 새로 받으면 좋겠지만, 이러할 경우 기존 점주는 양도양수를 하지 않을 가능성이 크고 또한 기존에 있는 상품은 해당 점포에서 어느 정도 팔리는 상품이라는 데이터를 알려주기 때문에 예비 점주에게도 꼭 나쁜 것만은 아니니 어느 정도는 인수하는 방향이 좋을 것이다. 특히 이러한 부분들에 대하여 사전에 협의하지 않고 양도양수 당일 이야기한다면 서로 감정이 상하고 손해를 볼 수 있으니 미리 챙기길 바란다.

상권에 대한 이해는 사람들의 흐름이 답이다

어떤 자영업을 시작하든지 가장 먼저 선행되어야 할 것은 바로 상권에 대한 이해다. 아무리 좋은 상권일지라도 업종에 따라 오히려 어울리지 않을 수도 있으므로 절대적으로 좋은 입지는 있을 수 없기 때문이다. 즉, 주간에 학생들이 많은 입지가 문방구나 분식점, 학원 등에는 좋은 입지일 수 있으나, 저녁 직장인 고객이 필요한 호프집과 고깃집에는 어울리지 않듯이 편의점에도 어울리는 상권과 입지가 있는 것이다.

물론 편의점을 처음으로 접하는 예비 점주의 입장에서는 편의점과 어울리는 상권을 개별적으로 분석하기가 쉽지 않겠지만, 책이나 지인 등을 통해서라도 어느 정도의 큰 흐름은 공부해야 한다. 그래야만 단순히 개발 담당이 근거도 없이 좋다고만 하는 입지를 선택하는 실수를 범하지 않을 것이다.

실제로 필자는 같은 편의점 업종에 종사하지만, 가끔 너무나도 터무니없는 위치에 오픈하는 모습을 보면 정말 답답하기 그지없다. 개발 담당도 이해가 가지 않지만 오픈하고 난 후 오직 개발 담당만을 원망하는 점주도 이해가 안 가기는 마찬가지이다. 결국 자유로운 시장 경제에서 모든 선택의 최종 몫은 점주 자신이 해야 하기 때문이다.

① 점포 앞 인도의 폭

사람들이 걸어 다니는 인도의 폭은 내 점포가 고객이 흘러가는 위치인지 아니면 머무는 위치인지를 확인하는 데 있어서 상당히 중요한 포인트가 된다. 다시 말해, 점포 앞 도로의 폭이 좁으면 그만큼 사람들이 머무르기가 쉽지 않기 때문에 빠르게 이동할 것이며, 그만큼 내 점포로의 방문도 쉽지 않다. 반대로 도로의 폭이 넓으면 이동 시 공간의 여유가 있으니 천천히 가면서(혹은 서서) 주위를 보다가 내 점포로 방문할 확률이 높아진다.

 또한, 폭이 좁은 인도는 사람들이 이동하면서 인근 건물이나 점포를 볼 시야를 좁히기 때문에 스쳐 지나갈 확률이 높으나, 폭이 넓으면 걸어 다니는 사람들이 그만큼 주변의 매장을 볼 확률이 높으니 당연히 점포 방문자 수도 늘어날 수 있는 것이다.

② 점포 앞 도로의 차선 수

 점포 앞 도로의 차선 수는 맞은편 상권의 고객들을 내가 가져갈 수 있는지 확인하는 데 상당히 도움이 된다. 좀 더 구체적으로 말하면 차선이 많을수록 반대쪽 사람들을 내 고객으로 만들기 쉽지 않다는 뜻이다. 즉, 차선이 왕복 6차선 정도라면 고객들은 아무리 가까워도 굳이 건널목을 건너서까지 맞은편 점포로 방문하지 않을 것이기 때문에 당연히 내 상권이라 할 수 없게 된다. 그러나 종종 개발 담당이 해당 점포에 대한 상권 설명을 하면서 차선이 넓은 도로의 맞은편에 고등학교와 체육관, 공원 등도 있으니 매출이 높을 거라며 오픈을 유도하기도 하는데, 절대로 그런 감언이설에 넘어가서는 안 된다. 실제로 그런 점포를 개점하여 실제로 맞은편에 사람들의 이동은 많은데 그 사람들이 내 점포로까지는 방문하지 않아 우수한 유동 인구에 비해 매출이 상당히 저조한 경우를 종종 본다.

 그러니 반드시 차선이 넓으면 반대편의 사람들은 내 고객에서 제외하고, 상권에 대한 분석을 제대로 하는 것이 옳다고 할 수 있겠다.

③ 큰 사거리 교차로는 피해라
 큰 사거리의 교차로는 언뜻 보면 주변에 차량도 많고 건물도 많다 보니 높은 매출을 예상하게 될 수 있다. 물론 이런 위치에 차량뿐만 아니라 걸어 다니는 사람들도 많다고 하면 그나마 다행이지만 만약 대부분이 차량이라면 이야기가 달라진다.

 즉 이러한 사거리 입지는 겉만 번지르르하고 매출은 저조하게 나올 가능성이 크다. 왜냐하면 이러한 곳은 차량의 이동이 많아 보기에는 화려하지만, 교차로이기 때문에 주차량이 많아 내 점포로 들어와서 물건을 구매하기까지는 생각보다 어렵기 때문이다. 다시 말해 그냥 지나친다는 얘기다(이러한 큰 교차로에는 주차 공간이 거의 없다).

 그러니 혹시 큰 교차로에 물건이 나왔다고 소개한다면 반드시 차량 대신 배후에 오피스텔 같은 주거지가 있는지 혹은 걸어 다니며 이동하는 사람들이 있는지부터 확인해야 한다.

④ 점포 앞 주차 공간의 확보
 예전에는 점포 앞 주차 공간이라고 하면 차량의 이동이 많은 로드사이드에서나 중요하게 생각하고, 그 이외의 입지에서는 큰 비중을 두지 않았다. 그러나 개인 차량으로 출퇴근을 하는 사람들이 점점 많아지고 집집마다 1인 1차량이 되다 보니 입지에 상관없이 주차 공간은 어떤 업종을 시작하든지 상당히 중요시되고 있다. 실제로 위치가 비슷한 점포가 두 군데 있다면 주차 공간이 있는 점포의 매출이 높을 가능성은 거의 90% 이상이라고 할 수 있겠다.

 그러니 점포를 고를 때 주차 공간의 유무 역시 따져 보아야 하며, 혹시라도 경쟁점은 주차 공간이 있는데 내가 오픈하고 싶은 점포에는 주차 공간이 없다면 그러한 단점을 상쇄시킬 만한 장점이 있는지 찾아보고, 없다면 해당 위치에서의 오픈은 피하는 게 좋을 것이다.

⑤ 주변 주택 및 아파트 세대수

 편의점 오픈에 있어서 유동 인구만큼 중요한 항목은 바로 주변에 안정적인 배후가 있느냐이다. 즉, 매일 점포에 방문할 수 있는 고정적인 고객이 있느냐인데, 바로 주변의 주택이나 아파트의 여부가 바로 배후가된다. 코로나19 이후 주택가 입지의 선호도가 높아졌는데, 바로 로드사이드나 유흥가처럼 사람들이 잠깐 지나쳐 가는 상권이 아니라 거주하면서 자주 방문하는 든든한 배후(고객)가 있는 입지이기 때문이다.

 이러한 주택이나 아파트의 경우라도 서로 분석하는 요소는 다르다. 우선 주택이 있는 경우는 거주하는 연령대를 확인해야 한다. 그 이유는 아직 노년층은 편의점을 선호하지 않기 때문이다. 아직까지 주택의 경우는 연령층이 높은 사람들이 거주하는 경우가 많으며, 이런 경우 가까운 곳에 편의점이 있다고 해도 조금 더 걸어서 가격이 저렴한 동네 마트를 방문하는 경향이 강하다. 그러니 주변에 단독주택이 많다면 반드시 연령대를 분석하여 과연 내 고객이 될 수 있는지부터 확인해야 한다.

다음으로 아파트는 세대수를 확인해야 한다. 아파트는 주로 젊은층부터 중년층이 사는 경우가 많으며, 이러한 세대는 가격과 편의점에 대한 저항이 상대적으로 낮은 편이다. 그러니 배후가 아파트라면 연령층에 대한 걱정보다는 그 아파트에 얼마나 많은 사람이 살고 있는지에 대한 분석이 더 중요하다(물론 지방 외곽의 일부 아파트는 연령층이 다소 높은 경우도 종종 있다). 결론부터 말하면, 보통 500세대에 편의점 하나가 있으면 150만 원 정도의 적정 매출이 나올 수 있다고 보는데, 그 이상이면 더 좋지만 1,000세대 정도이면 인근에 경쟁 편의점이 들어올 가능성이 크니 무조건 좋다고만 할 수는 없다. 그러니 혹시 700~800세대에 편의점이 하나밖에 들어올 수 없는(아파트 출입구가 한 개인 곳) 입지라면 무조건 들어가는 쪽으로 생각하면 된다.

여기에 한 가지 더 첨부하자면, 아파트 중에서도 연령층이 높고 주로 대형 마트에서의 구매 성향이 많은 고급 아파트보다는 연령층도 적당하고 편의점에서의 소비력이 강한 주공아파트의 매출이 더 좋으니 참고하길 바란다.

예상 손익은 보수적으로 접근해야 한다

편의점을 포함하여 어떠한 사업을 시작하기 전에는 누구나 장밋빛 꿈을 그리며 새로운 출발선에 서 있기 마련이다. 점포 운영을 시작하면 얼마를 벌겠다, 돈을 모으면 무엇을 하겠다 등 수많은 행복한 그림들을 그리며 설레는 시기이니 말이다.

그러나 안타깝게도 우리나라의 자영업 시장은 생각보다 그리 만만치가 않다. 1년 이내에 사업을 접는 확률은 60%가 넘으며, 운이 좋아도 3년 이내에 망하는 경우가 80% 정도로 성공보다는 실패하는 사람들이 더 많다.

그렇다고 낙담할 필요는 없다. 특히 편의점은 투자금이 다른 업종에 비해 상당히 저렴하고, 그 투자금을 다시 돌려받을 수 있는 등 나름의 안전장치가 있기 때문에 매출과 인건비에 대해서만 어느 정도 분석한 뒤 접근한다면 최악의 상황은 막을 수 있기 때문이다.

그러니 편의점을 오픈하기 전에 어설프게 계산된 예상 매출에 혹해서 행복한 꿈만 꾸지 말고, 반대로 지출해야 하는 비용까지 포함하여 최대한 보수적으로 접근해서 추후 생각보다 낮은 매출로 문제가 발생하더라도 버틸 수 있도록 해야 한다.

① 개발 담당의 예상 매출에서 70~80%만 적용해라

앞에서도 언급했듯이 프랜차이즈 편의점을 시작하려는 대부분의 예비 점주들이 개발 담당에게 가장 많이 질문하는 내용이 바로 예상 매출에 대한 것이다. 그리고 개발 담당들은 물론 요즘에는 여러 가지 문제로 인해 대놓고 말하지는 못하지만, 여전히 어느 정도 선은 나오겠다는 말로 예비 점주들을 유혹한다.

그러나 안타깝게도 이런 개발 담당들이 예상하는 매출은 실제와 맞지 않는 경우가 상당히 많다. 비슷한 경우라 해도 인근 점포와의 매출을 비교하거나, 또는 기존 슈퍼를 바꾸는 경우 전에 나오던 매출에 20~30만 원 정도를 더해서 맞추는 수준으로 그 외에는 정확성이 20~30% 정도로 생각보다 낮다(실제로 요즘같이 경쟁이 심하고 오픈할 장소가 부족한 상황에서는 매출이 점점 더 낮아지고 예상하는 매출과 실제 매출과의 차이가 심해지고 있다).

브랜드별로 약간씩 차이는 있겠지만, 개발 담당이 오픈을 위해(결재를 받기 위해) 보고하는 일 매출이 입지와 상권에 상관없이 일괄적으로 170~180만 원이라는 사실만 봐도 예상 매출이 얼마나 허수인지는 금세 짐작할 수 있을 것이다.

그러니 예비 점주들은 만약 개발 담당에게 해당 점포의 매출에 대한 앞으로의 예상을 듣게 된다면, 그 매출에서 최대 70~80% 정도만 생각하고 수익을 예측해야 추후 발생할 수 있는 문제를 효과적으로 해결할 수 있을 것이다.

② 스태프 인건비는 최대한으로 잡아라

일 매출과 달리 비용에 해당하는 스태프 인건비의 예상은 최대치로 잡아 놔야 한다. 특히 요즘처럼 최저임금이 매년 상승하고 있는 상황에서는 적은 인건비를 반영했다가 수익이 부족하여 점주의 근무 시간을 늘리는 문제가 발생할 수 있기 때문이다.

그러니 인건비를 계산할 때는 점주의 근무 시간을 제외하고, 최저임금 및 주휴수당 적용, 야간 인건비 최저임금에 덧붙는 금액(편의점은 5인 미만 사업장이라 야간에도 1.5배 시급이 적용되지는 않지만, 야간의 경우 주간과 동일한 시급을 주어서는 근무자를 구하기 어렵다), 4대 보험 등 각종 비용을 최대한으로 반영하여 계산해야 한다.

그런 후 최대한 보수적으로 잡은 일 매출에서 근무자들의 인건비를 제외하고 남은 돈이 점주의 순수익이므로, 여기에 해당하는 금액으로 내 생활이 가능할지를 어느 정도는 미리 점검해 두어야 한다. 실제로 오픈 전 인건비를 최소한으로 계산하고 오픈하여 부부가 둘이 식사도 함께 못 할 정도로 맞교대로 운영하는 점포를 종종 보게 되는데, 이는 위와 같은 사전 작업이 부족했기 때문이라 할 수 있겠다.

③ 점주의 근무 시간은 최소한으로 잡아라

다음으로 점주의 근무 시간은 최소한으로 잡아야 한다는 점을 들 수 있다. 일부 예비 점주들은 의욕만 앞세워 점포를 빠르게 파악한다는 명목으로 처음부터 12시간씩 근무하겠다는 생각으로 수익을 계산하고 시작하는데, 이는 분명 잘못된 생각이다.

편의점은 60개월 의무 계약이라는 조건으로 인하여, 달리기에 비유하자면 마라톤이지 단거리 질주가 아니다. 즉, 처음부터 근무 시간을 늘리면 시작도 하기 전에 지칠 수밖에 없는 것이다(운영력이 상당히 우수하고 열정적인 점주가 14시간씩 일하다 두 달도 안 되어 포기하고 스태프를 구한 경우가 있었다). 그러니 점주의 근무 시간을 계산할 때는 기본적으로 직장인과 비슷하게 평일에는 10시간 내외로, 주말에는 쉬는 일정으로 잡는 게 좋다.

그리고 추후 매출이 저조하면 근무 시간을 좀 더 늘리고, 매출이 오르면 그대로 근무할지 시간을 줄일지 판단하는 게 좋다.

④ 최소 매출을 예상해 봐라

마지막으로는 최소한의 매출을 예상해 보는 순서가 남아 있다. 개발 담당의 예상 매출과 거기에서 70~80%를 곱한 현실적인 매출을 산출하였다면, 추가로 60% 정도를 곱해 최악의 상황에서 나올 수 있는 매출 역시 계산해 봐야 한다(본부의 예상 매출에서 50% 정도밖에 매출이 안 나온다면 운영 중 손해배상금 없이 폐점을 협의할 수 있다).

그래야 그 매출이 나올 때 내가 어떻게 대응할지 고민할 수 있기 때문이다. 예를 들어, 개발 담당이 알려주는 예상 매출이 180만 원이라고 가정하면, 여기에 60%를 곱해 최악의 상황에 나올 수 있는 매출을 108만 원으로 잡을 수 있다. 그리고 이 매출이 나왔을 때 점주의 근무 시간과 인건비를 계산하여 필요 수익을 산출할 수 있다. 좀 더 구체적으로 말하면, 만약 일 매출이 108만 원일 경우 받을 수 있는 월 이익금은 600만 원 정도로, 이런 상황에서는 평일에 14시간씩 일해서 인건비를

400만 원으로 줄이면 적어도 200만 원은 가지고 갈 수 있다는 식으로 말이다. 즉, 최악의 상황에도 버틸 수 있는지 사전에 예상해 놓으라는 얘기이다(실제로 일 매출이 얼마가 나오면 대충 얼마를 받을 수 있는지에 대한 계산법을 알아 두면 많은 도움이 된다).

그렇지 않으면 생각했던 것과 다른 현실에 부딪혀 운영 중 좌절하고, 이러한 낮은 운영력으로 매출 역시 계속해서 하락할 것이다.

지원금에 대한 조건은 브랜드별로 비교해라

프랜차이즈 편의점이 일반 타 업종과 다른 점은 바로 지원금 시스템일 것이다. 특이하게도 편의점은 브랜드 간 경쟁이 심하다 보니 신규 오픈할 때나 기존 점포를 양도양수(전환)할 때, 의무 계약 기간 5년을 끝내고 다시 재계약을 할 때 등 본부에서 점주에게 추가로 지원금을 지급하면서 계약을 진행하는 경우를 흔히 볼 수 있다. 그러나 안타깝게도 신규 오픈을 생각하는 초보 예비 점주들은 이러한 지원금에 대해 잘 모르는 경우가 많으며(점포를 운영 중인 점주들은 대부분 알고 있다), 스스로 찾아내지 못하면 본부가 의무적으로 지원금을 지급해야 하는 것은 아니므로 개발 담당들은 조용히 넘어가려 할 것이다.

그러니 반드시 이 글을 읽은 뒤 먼저 본부에 지원금을 언급하면 대부분 어느 정도의 금액은 받을 수 있을 것이다(본부로부터 이러한 지원금만 받아 내도 책값은 충분히 뽑고도 남는다). 여기에 더해, 지원금에 대한 부분이 절대적으로 정해진 금액이 아닌 만큼 만약 점주 임차형 가맹 조건을 생각 중이라면 메이저 편의점끼리 비교해 좀 더 좋은 조건으로 계약을 체결할 수 있으니 참고하길 바란다.

그러나 여기서도 주의할 점이 있는데, 단순히 금액적인 부분에만 치우치다가는 자칫 다른 부분에서 지원을 축소하여 결국에는 원하는 것보다 적게 받을 경우도 생길 수 있으니 꼼꼼히 분석하길 바란다.

① 임대차 계약 주체에 따라 지원금은 달라진다

아무리 편의점의 독특한 구조상 본부에서 지원금을 준다고 해도, 본부가 모든 경우에 대하여 지원금을 지급하는 건 아니다. 예를 들어, 본부에서 임대차 계약을 체결하고(본부 임차형), 누가 봐도 매출이 높을 것이 예상되어 점주를 구하기가 쉬운 위치의 물건(점포)이라면 굳이 지원금을 주려 하지 않을 것이다. 왜냐하면 기본 조건으로도 충분히 운영할 점주를 구해서 계약까지 할 수 있기 때문이다.

그러나 이와는 반대로 점주가 임대차 계약을 맺은 후 브랜드 선택을 하는 중이라면 얘기는 달라진다. GS25, CU, 세븐일레븐 등 브랜드별 개발 담당자는 서로 그곳에 오픈하기 위해 예비 점주에게 좀 더 높은 지원금을 약속하며 접근할 것이다. 심지어 우수한 상권에 높은 매출까지 예상된다면 서로 지원금을 많이 줘서라도 개점하려고 치열한 경쟁을 벌이게 된다.

이렇듯 지원금은 임대차 계약의 주체가 본부냐 점주냐에 따라 상당히 달라질 수 있으니 어떤 가맹 조건으로 오픈할지 미리 정해 놓고 상담을 시작하면 좀 더 좋은 조건으로 지원금을 받으면서 오픈할 수 있다.

다만, 예외적으로 임대차 계약의 주체가 본부라고 해도 어느 정도의 지원금을 받을 수 있는데, 바로 개점 시 예상 매출이 낮을 가능성이 있을 때이다. 다시 말해, 오픈하고 초기 매출이 생각보다 저조하면 문제가 될 수 있으니 애초에 지원금을 주고 시작하는 것이다. 그러니 본부에서 지원금을 많이 준다고 해서 무조건 좋은 것은 아니며, 다 이유가 있는 것이니 주의해야 한다. 낮은 매출로 오히려 운영 기간 내내 고생할 수도 있으니 선별해서 점포를 고르길 바란다.

② 브랜드별 평균 이익률도 따져야 한다

지원금의 정액(원) 혹은 정률(%)에 더해 따져 보아야 할 내용이 한 가지 있는데, 바로 브랜드별로 다른 평균 이익률이다. 그 이유는 브랜드별 이익률의 차이가 결국에는 지원금의 차이가 되기 때문이다. 내가 선택한 브랜드가 경쟁 브랜드의 평균 이익률보다 1%가 적다면 나는 경쟁 브랜드보다 1%의 지원금을 더 받아야 똑같은 조건이 된다.

예를 들어, 평균적으로 브랜드별 이익률이 대략 CU 32%, GS25 31%, 세븐일레븐 30%, 이마트24 28% 내외라고 전제했을 때, CU를 60%의 배율로 계약을 했다면 세븐일레븐은 62%로 계약 조건을 잡아야 동일한 조건이 되는 것이다(물론 이러한 브랜드별 수치는 매년 바뀌고 있으나, 브랜드별 이익률 순서는 꽤 오랫동안 유지되고 있다). 그러니 단순히 배분율 협의 시 눈에 보이는 숫자에만 집착하지 말고 평균적인 이익률도 함께 따져서 가맹 계약 관련 협의를 해야만 손해를 보는 일이 없을 것이다(일반적으로 현장에서 GS25는 높은 일 매출을, CU는 높은 이익률을, 세븐일레븐은 많은 지원금을 내세우며 자사 브랜드로의 창업을 유도한다).

③ 공사 범위에 대한 부분도 지원금이라 생각해라

마지막으로 알아볼 본부 지원에 대한 부분으로는 점포에 대한 공사가 있다. 지원금이 아니라 지원이라고 하는 이유는 매월 점주에게 일정 수준의 금액으로 지원금이 지급되는 것은 아니지만 본부 입장에서는 이 공사 역시 추가적인 비용이 들어가야 하는 것이므로 당연히 지원금이라 생각하기 때문이다. 물론 편의점 프랜차이즈 시스템에 있어서 공사의 부분은 전액 본부에서 투자하기 때문에 무슨 의미가 있냐고 할 수 있지만, 공사에 대한 범위에도 점포별로 차이가 발생하기 때문에 이 역시 지원이라 할 수 있겠다. 다시 말해, 기본적인 공사만 하느냐 아니면 추가로 원목 테이블이나 지주 간판, 유도 간판 등을 설치하느냐에 따라 본부에서도 빠져나가는 비용은 차이가 나는 것이다. 그러니 단순히 1% 더 받는 것보다 나중을 생각했을 때 이러한 공사를 진행하는 게 매출을 올리는 데 큰 도움이 된다면 금전적인 지원보다는 약간 방향을 틀어 공사 범위를 늘리는 것이 더 좋을 수 있다(실제로 어느 오래된 점포를 양도받으면서 지원금을 받는 대신 공사를 크게 진행하여 매출을 상당히 많이 올렸던 사례도 있다).

그리고 브랜드별로 이러한 공사의 적극성(지원)으로는 세븐일레븐〉= GS25〉CU 순서이니 참고하여 상담에 임하면 좋을 것이다(이 역시 절대적으로 정해진 것은 아니고, 가맹 조건과 상황에 따라 달라질 수 있으니 참고 정도만 하고 협상에 임하길 바란다).

본부와 오픈 일정을 협의한다

편의점 가맹 계약을 체결하기 전에 협의해야 할 내용 중 하나로 오픈 일정에 대한 부분이 있다. 어떻게 보면 그냥 서로 좋은 날로 정하면 되는 가벼운 내용이라고 할 수도 있겠지만, 프랜차이즈 편의점은 브랜드끼리의 치열한 경쟁으로 인해 일정을 빠르게 진행하려는 경향이 있어 자칫 개발 담당에게 끌려다니다가 원치 않는 오픈 일정으로 인해 피해를 볼 수 있으니 주의해야 한다.

또한 일정을 여유롭게 정하지 않으면 공사가 제대로 진행되지 않거나 확인해야 하는 중요 업무 등이 누락될 가능성이 커 반드시 점검하고 넘어가야 한다.

실제로 현장에서는 본부의 반강제적인 오픈 일정으로 인해 기존에 하던 사업을 제대도 정리하지도 못한 채 급하게 편의점을 창업해 금전적인 손해를 봤다는 사례도 종종 보인다. 그러므로 아래에 해당하는 내용을 반드시 숙지하여 협상의 임하는 것이 좋을 것이다.

① 내 점포의 개점 일정은 내가 정한다

편의점 창업을 처음 시작하려는 예비 점주에게는 당연한 얘기 같지만, 창업 상담을 하는 과정에서 나오는 개발 담당의 얘기는 조금 다를 가능성이 크다. 좀 더 구체적으로 말하면, 개발 담당은 왠지 오픈 일정을 서두르는 경향이 있으며 되도록 상담을 하는 해당 월을 넘기려 하지 않을 것이다. 즉, 시간이 촉박하여도 가능하면 월말에는 오픈하자고 하며, 예비 점주는 아무것도 모르니 알았다고 하는 경우가 대부분이다.

그렇다면 개발 담당이 이토록 오픈을 서두르는 이유는 무엇일까? 특별한 이유라도 있는 것일까? 해답은 바로 개발 담당들에게 정해진 오픈 실적 때문이다.

다시 말해, 매월 정해진 수의 목표 오픈 수가 있으며, 이 숫자를 맞추기 위해 어떻게 해서라도 월말에 오픈을 시키려는 것이다. 실제로 대부분의 메이저 편의점들의 오픈이 월말에 많은 이유는 점포에 도움이 된다든지 월말이 좋다든지 하는 이유가 아니라 바로 오픈 실적 때문이라고 할 수 있다.

그러나 오픈 실적을 높이는 것은 개발 담당의 사정이지 예비 점주에게는 아무런 상관이 없는 것이다. 그러니 애초에 일정을 잡을 때 여러 가지 업무 스케줄을 확인하고, 대략 월초에 할지, 월중에 할지, 특정일을 정해서 할지 등에 대하여 개발 담당에게 알려주고 추후 구체적인 일정을 다시 잡으면 된다.

② 오픈 일정(월)에 따라 조건이 변하지는 않는다

개발 담당들이 이렇게 예비 점주에게 월말에 오픈하자고 하면서 압박하는 수단이 있는데, 바로 조건이 변경될 수 있다는 내용이다. 다시 말해, 개발 담당은 오픈 지원금을 3~4% 추가로 지원해 주겠다거나, 공사 시 에어 간판이나 원목 테이블을 해 주겠다는 등의 조건을 붙이며 오픈이 다음 달로 미뤄지면 위의 조건이 바뀔 수도 있다고 이야기한다. 그리고 최대한 이번 달 월말까지라도 오픈을 하자며 계속해서 재촉할 것이다.

그렇다면 이러한 상황에서 예비 점주는 어떻게 대응해야 할까? 생각보다 간단하다. 조건이 바뀌면 계약을 안 하겠다고 하면 된다.

좀 과격하게 말한 경향이 있지만, 실제로 이렇게 나오면 개발 담당이 바로 꼬리를 내릴 확률은 99%이다. 왜냐하면 가맹 계약이 월별로 진행되는 정기 행사도 아니고, 점포에 지원해 주는 본부 조건이 어떻게 매년도 아니고 매달 바뀌겠는가? 상식적으로도 말이 안 되는 얘기이다. 그러니 걱정하지 말고, 만약 그런 얘기가 나오면 바로 끊어 버리고 원래 원하던 날짜로 오픈을 강행하면 된다. 한 번 그렇게 나오면 개발 담당도 다시는 일정에 대해 왈가왈부하지 않을 것이다.

③ 공사와 교육, 오픈 일정을 확실히 분리해라

예비 점주가 오픈 일정을 서두르지 않고 원하는 날짜에 넉넉히 해야 하는 이유는 공사 및 교육 일정과 상당히 밀접한 관계가 있다. 좀 더 자세히 말하면, 일정을 급하게 진행하다 보면 어쩔 수 없이 점포에 대한 공사 일정과 점주가 교육을 받는 날짜가 겹치기 때문이다.

즉, 예비 점주가 본부에 교육을 받으러 간 사이 운영할 점포의 공사가 진행되는 것이다. 그러니 당연히 점주는 공사가 잘 진행되고 있는지 확인할 수 없으며, 혹여 원하는 공사 내용과 방향이 다르더라도 사전에 진행을 바꾸기는 불가능하다. 실제로 이 부분에 대하여 예비 점주들의 불만이 가장 많으며, 본부에 이의 제기를 해도 이미 공사가 완료된 상태라 달라지는 것은 아무것도 없다.

그리고 안타깝게도 이러한 시스템의 문제를 아는 예비 점주들이 거의 없다 보니 본부에 일방적으로 당하는(?) 경우가 대부분이다.

따라서 사전에 이와 같은 불상사를 방지하려면 일정을 여유롭게 잡고, 공사 일정과 교육 일정을 명확하게 나눠서 교육이 끝나고 공사를 확인할 수 있도록 미리 개발 담당과 사전에 협의하기 바란다.

④ 급한 건 본부이지 점주가 아니다

오픈이 정말 급한 예비 점주가 아니라면 대부분 일정에 관련해서 급한 쪽은 본부일 것이다. 더욱이 이렇게 급한 것도 특별하거나 중요한 이유가 있는 것이 아니라, 단순히 개발 담당의 실적 때문일 가능성이 크다. 이러한 상황에서 특별한 혜택을 추가로 지원받지 않는 이상, 예비 점주는 서두를 필요가 전혀 없다.

그러니 오픈 일정에 관해서는 예비 점주가 반드시 주도권을 가지고 정해야 한다. 혹시라도 본부에서 어떠한 핑계를 대더라도 상관하지 마

라. 다시 말하지만, 정말 아무 이유도 없고 오픈을 늦게 하더라도 손해는 전혀 없다. 만약 본부에서 정 급하다고 하고, 예비 점주도 서둘러 오픈해도 괜찮다면 추가로 필요한 부분에 대해 본부에 요구라도 하는 것이 좋다(추가적인 지원금이나 기본 공사 이외의 공사 등). 그러면 적어도 서로 주고받는 것이 있으니 공평하지 않겠는가. 일정에 관해서는 절대 끌려가지 마라.

4단계 가맹 계약 체결

제공되는 예상 매출 산정서는 꼼꼼히 확인해라

어느 사업을 하든지 시작하기 전에 가장 궁금해할 것은 바로 내가 하려는 곳의 예상 매출일 것이다. 편의점도 마찬가지로, 개발 담당에게 가장 많은 질문을 하는 내용도 바로 매출에 관련된 부분이다. 다행히 프랜차이즈 편의점의 경우 개인 자영업에 비해 좀 더 체계적인 시스템을 바탕으로 예상 매출을 구하는데, 이를 바로 예상 매출 산정서라 한다. 다시 말해, 계약하기 전에 인근에 있는 자사(동일 브랜드) 편의점의 각종 정보를 바탕으로 해당 후보지의 매출을 예상하는 방법으로, 내용을 알아 두면 상담을 진행할 때 좀 더 효율적으로 임할 수 있을 것이다.

다만, 이러한 방식으로 구하는 예상 매출은 아예 없는 것보다는 낫겠지만, 상권도 다양해지고 편의점끼리의 경쟁도 너무 심해지다 보니 차이가 발생하는 경우가 점점 많아지고 있기 때문에 참고만 하는 수준으로 내용을 확인하길 바란다(실제로 이 예상 매출을 전적으로 믿고 오픈하였는데 매출에 차이가 나서 본부와 법적 다툼까지 가는 경우가 종종 있다. 그러나 이는 의무적으로 제공하는 단순한 자료이므로 법적으로 이기기는 쉽지 않을 것이다).

① 점포 예정지에 관한 사항

우선 예상 매출 산정서에서 가장 먼저 볼 수 있는 내용은 바로 점포 예정지에 관한 기본적인 항목들이다. 즉, 오픈하려고 하는 후보점의 이름과 주소, 면적(㎡), 길이, 건물 규모, 후보점 위치 등의 내용들이 자세히 기재되어 있다.

또한 이러한 후보점의 임대차 조건에 대한 내용도 기재되어 있어, 내가 앞으로 운영할 점포의 권리금이나 보증금, 임차료 등을 쉽게 확인할 수 있다.

그리고 마지막으로는 점포의 전면, 측면 등의 사진을 첨부하는 페이지로 구성되어 있다.

즉, 예상 매출 산정서의 첫 부분은 오픈 후보점(물건지)의 기초적인 내용을 확인할 수 있는 가장 기초적인 페이지라 볼 수 있다.

② 주변 상권에 관한 사항

두 번째로는 오픈하려는 후보점의 주변 상권에 대한 분석을 해 놓은 페이지로, 인근에 무엇이 있는지 등을 확인할 수 있다.

우선 가장 먼저 인근 주요 시설을 확인할 수 있는데, 주요 시설이란 공원이나 체육관, 공공기관 등을 말한다. 특히 주요 시설이 많다는 건 유동인구가 많다는 증거이므로 많으면 많을수록 좋다고 할 수 있다.

다음으로는 인근 경쟁점에 대한 현황 분석으로, 이 부분에는 후보점 인근에 매출에 영향을 끼칠 수 있는 동종 편의점이나 마트가 있는지에 대한 내용을 표시해 둔다. 그리고 이러한 경쟁점의 영업 개시일, 전용 면적, 이격 거리(떨어져 있는 거리), 담배 판매 여부 등을 자세히 기록해 두어 오픈 전 내 점포에 얼마나 영향이 있을지 분석할 수 있도록 해 준다. 이 부분은 주요 시설과는 반대로 적으면 적을수록 좋다고 할 수 있다.

그리고 마지막으로는 통행량 조사 항목이 있는데, 매출이 높은 시간대(7~9시, 12~14시, 18~20시) 차량의 통행량이 대략 어느 정도인지 나타내는 부분으로, 얼마나 이동량이 많은지 확인할 수 있다. 다만 이 부분은 차량이 단순히 흘러가는 입지일 수 있는 만큼 숫자가 많다고 절대적으로 믿기에는 약간 의심의 소지가 있다. 따라서 가능하다면 예비 점주가 해당 시간대에 그 장소에 직접 방문하여 흐름을 파악하는 게 좋다(실제로 현장에서는 개발 담당이 내 점포로의 방문과는 전혀 상관없는 장소의 차량 통행량까지 확인해 오픈 시 매출에 상당한 차이가 발생하는 경우를 어렵지 않게 볼 수 있다)

③ 예상 매출액에 관한 사항

마지막으로는 실질적인 예상 매출액에 관한 정보로, 예상 매출 산정서의 가장 중요한 부분이라 할 수 있겠다. 이러한 마지막 페이지는 오픈 후보점의 대략적인 매출을 알아보는 방식으로 예비 점주들이 가장 관심을 보이는 부분이기도 하다.

좀 더 구체적으로 예상 매출액을 구하는 방식을 보면, 후보점 주변에서 거리순으로 5개의 점포를 선정하고, 그중 매출이 가장 낮은 가맹점과 가장 높은 가맹점을 제외한 나머지 3개 가맹점의 최고액과 최저액을 구하는 것이다. 즉 5개의 점포명과 전용 면적, 직전 사업년도 매출액, 직전 사업년도 면적당 매출 환산액을 기록하고, 그 점포 중에서 두 번째로 높은 매출을 최고액으로, 두 번째로 낮은 매출을 최저액으로 표시하는 것이다.

물론 이러한 방식으로 주변 상권을 고려한 효율적인 예상 매출을 구할 수도 있겠지만, 상권이 전혀 다른데 단순히 거리가 가깝다는 이유로 인근 점포를 끌어온다거나, 점포당 거리가 멀리 있는 로드사이드의 입지 같은 경우 중간에 점포가 없다는 이유로 인근이 아니라 심하게 멀리 있는 점포까지도 끌어와 계산하기도 하므로 말도 안 되는 예상 매출액이 나오기도 한다.

더욱이 매출액에 대한 근거 자료 산정 시 전용 면적($㎡$)당 매출을 계산하여 최고와 최저를 제외하는 방식을 사용하고 있는데, 점포의 크기와 매출의 상관도가 점점 높아지고는 있다고 하지만 아직까지도 편의점은 위치에 따른 매출 영향력이 더욱 크기 때문에 단순히 전용 면적으로만 계산하는 이러한 방식은 현실과는 약간 동떨어질 수 있다는 단점을 가지고 있다.

때문에 예상 매출 산정서를 볼 때 이 부분은 참고 정도만 하고, 후보점과 가장 가깝거나 상권이 비슷한 한두 점포의 매출을 확인하고 그 내용을 바탕으로 예상 매출을 분석하는 게 오히려 효과적일 수 있다.

계약서 체결 전 확인해야 할 내용은?

창업을 위한 모든 협의가 마무리되면 계약 체결 전에 반드시 확인해야 할 몇 가지 업무가 있다. 편의점을 포함해서 모든 프랜차이즈 업종은 계약서뿐만 아니라 다양한 특약서가 존재하기 때문에 사전에 확인해야 할 내용이 많다. 특히 지원금 관련 특약이나 인근 점포 리스트, 예상 매출 산정서의 내용은 반드시 기억하고 있어야 하며, 계약서의 경우 내용이 너무 많아(40페이지 내외) 전체를 확인하지는 못하더라도 최소 중요한 부분은 기억해 두어야 나중에 본부와 분쟁이 발생하더라도 대응할 수 있다. 실제로 한 점주는 운영 중에 본부와의 커뮤니케이션 착오로 이의를 제기하며 오픈 시 계약서를 제대로 읽지 못하였다는 주장을 펼쳤지만 결국 소송에서 졌다.

그러니 계약서 및 특약서의 체결 중 중요한 내용이라 할 수 있는 부분은 내용이 그다지 길지 않으니 확인 후 출력하여 파일철에 보관해 수

시로 검토하기를 추천한다.

① 가장 먼저 지원금에 관련된 내용을 확인해라

계약서를 확인할 때 가장 먼저 점검해야 하는 내용은 바로 금전적인 지원금에 대한 부분이다. 물론 가맹 조건(본부 임차형 or 점주 임차형)에 따라 기본적인 배분율을 확인하는 게 더욱 먼저겠지만, 이 부분은 워낙 다들 알고 있고, 상담 초반부터 알려주는 내용이니 따로 확인할 필요까지는 없다. 다만, 여기서 중요한 부분은 이러한 기본 조건에 별도로 지원금을 추가했다면 따로 특약을 작성하게 되는데, 이 부분은 일반적으로 정해진 금액도 아니고 다른 점포들과도 내용이 다르니 반드시 확인해 두어야 한다. 이 내용은 중요하기 때문에 위에서 얘기했듯 출력해 놓으면 내 점포가 매월 본부에서 얼마의 금액을 받는지 편하게 확인 가능하며, 또한 이에 따라 매월 정산서를 확인할 때 제대로 금액이 들어왔는지도 확인할 수도 있다.

즉 지원금이 일시장려금이면 얼마인지, 정률장려금이면 매출 이익의 몇 %이고 기간은 언제까지인지, 정액장려금이면 해당 금액과 기간이 제대로 표시되어 있는지 등을 정확히 확인하고 전자계약서에 사인을 해야 한다.

② 운영 개월 수에 따른 손해배상금 살펴라

계약 해지 관련 손해배상금(위약금)에 대한 부분은 주계약서에 포함된 항목으로, 내용 자체가 길다 보니 제대로 확인하지 않고 체결하는 경우가 대부분이다. 실제로 운영 중인 점주들과 폐점과 관련해서 면담해 보면 운영 개월 수에 따른 점포의 손해배상금이 얼마인지 모르는 경우가 허다하다. 편의점은 동종업계에서의 경쟁이 치열하고 상권이 변하는 경우가 많아 폐점의 위험도는 높은데, 사전에 이러한 위험성에 대비해서 준비하는 점주들은 거의 없다.

 그러니 이 부분도 반드시 출력하여 보관하기를 권장한다. 매출이 저조하여 폐점까지 갈지도 모르는 상황에서 계속 운영해야 할지, 아니면 비용을 물어서라도 폐점하고 다른 사업을 할지 결정하는 데 큰 도움을 줄 것이다.

 계약 해지 시 손해배상금에 대한 부분은 당연해지, 합의해지, 중도해지, 본부 혹은 점주의 일방해지 등으로 구분된다. 이러한 해지에 따른 손해배상금은 보통 운영 기간에 따라 36개월 미만/경과, 48개월 경과 등에 따라 본부 수수료율의 몇 개월 치를 지급하는 방식으로 점포에 부과하는 게 일반적이다.

③ 담보에 대한 부분을 확인해라

 담보에 대한 부분은 계약서 안에 포함되는 내용으로 크게 중요하지 않을 수 있다. 다만 시간이 지날수록 내가 어떤 담보를 제공했는지 헷갈리는 경우가 있으니 역시 출력하면 보관해 언제라도 편하게 확인할 수 있을 것이다. 보통 편의점용 계약서에는 담보의 종류와 금액으로 표시되는 경우가 일반적으로, 근저당, 이행보증보험, 예금질권, 투자예치금(현금) 등의 방법으로 담보를 제공한다.

이러한 담보는 가맹 조건에 따라 다르겠지만 보통 5,000만 원인 경우가 많다. 특히 요즘에는 등기부등본에 근저당 설정이 잡혀 있는 걸 싫어하는 경우가 많아 이행보증보험으로 설정하는 점주들이 많이 늘어나고 있으며, 보험료는 보통 60개월치 300만 원 초중반으로 설정되니 참고하길 바란다.

④ 인근 점포 리스트를 확인해라

인근 점포 리스트는 오픈 후보점 근처에 있는 같은 브랜드의 편의점을 기록한 문서로, 별도의 특약을 통해 체결한다. 즉 거리에 따라 10개 점포의 점포명과 대표자명, 주소, 연락처 등이 기재되어 있다. 이러한 인근 점포 리스트는 이전 글에서 설명했듯 예상 매출 산정서에 기재되어 있는 예상 매출과도 관련이 있는 만큼 중요한 내용이라 할 수 있다(실제로 예전에 어느 메이저 편의점에서는 이러한 인근 점포 리스트 내용을 수작업으로 기재했다가 엉망으로 만들어 예상 매출이 높아지는 한심한 상황이 생기기도 하였다).

그러니 반드시 출력하여 후보점과 인근의 점포를 확인하고, 주변에 실제로 어떠한 점포들이 있는지 상권에 대한 분석도 동시에 진행하면 일석이조라 할 수 있겠다.

전자 계약 체결이 완료되면 투자금을 입금한다

 편의점 개발 담당과의 모든 조건 협의가 완료되면 이제 본부로 투자금을 입금하는 일만 남았다. 그리고 본부 임차형이냐 점주 임차형이냐에 따라 다르겠지만, 기본적으로 그 금액은 상품 및 소모품비 1,500만 원과 가맹비 770만 원 그리고 보증금(투자예치금) 등으로 나눌 수 있다. 다시 말해 CU, GS25, 세븐일레븐과 같은 우리나라의 메이저 편의점 모두 동일한 금액 2,270만 원에 가맹 조건에 따라 추가로 +@를 투자하면 어엿한 편의점 점주가 될 수 있는 것이다(이렇듯 생각보다 저렴한 투자금으로 인해 경기가 불황일수록 편의점 창업은 계속해서 증가하고 있다).

 그럼 지금부터 이러한 금액에 대한 구분과 그 항목들이 어떠한 내용으로 사용되는지 자세히 알아보도록 하겠다.

① 상품 대금 1,400만 원 및 소모품비 100만 원

 투자하는 금액 중 가장 먼저 봐야 할 가장 큰 금액은 바로 상품 대금일 것이다. 이 항목에 대한 금액은 이마트24를 제외하고는 모든 메이저 편의점에서 동일하게 받는 금액으로, 오픈 시 점포 운영에 필요한 상품의 구매를 목적으로 하는 최소한의 비용이다(이마트24는 상품 대금 1,600만 원에 소모품비 50만 원으로 약간의 차이가 있다).

 그리고 여기서 예비 점주들이 궁금해하는 부분이 바로 점포의 평수와 입지에 상관없이 모든 점포에서 오픈 초기 상품을 구입하는 비용이 동일하게 1,400만 원이 들어가는 것인지에 대해서이다. 결론부터 말하면 그렇지 않다. 즉, 1,400만 원으로 초기 오픈에 필요한 상품을 채우는 건 불가능하다. 이 금액은 단순히 초도 상품의 구매를 위한 최소한의 금액이지 오픈에 필요한 모든 상품의 금액은 아니다.

좀 더 구체적으로 말하면, 오픈에 필요한 금액은 물론 상품의 종류에 따라 다르지만 20평 내외 기준 담배 포함 2,000~2,500만 원이 필요하다. 그렇다면 1,400만 원을 초과하는 비용은 어떻게 처리되는 것일까? 바로 본부에서 먼저 지급하고, 그에 해당하는 금액을 점포의 상호 계산 계정에 계리하는 것이다. 점포는 초기 (-)가 된 상호 계산 계정을 상품을 팔면서 본부에 입금하면서 조금씩 (+)가 되는 시스템이다.

그러니 당연히 오픈하는 점포의 초기 상호 계산 계정은 (-)로 시작하게 되는 것이다(상호 계산 계정은 차변(인출)과 대변(입금)으로 구성된 회계상 장부로, 마이너스 통장이라고 생각하면 된다).

다음으로 소모품비는 점포 운영에 필요한 각종 소모품을 구매하는 데 필요한 비용이다. 예를 들어 유니폼, 명찰, 비닐봉지, 금고, 냅킨통, 마대걸레 등 운영에 없어서는 안 될 각종 소모품들이 바로 그것이다.

물론 이러한 소모품의 매입은 점포의 편의를 위한 것이라 매입을 강요하지는 않지만, 첫 오픈 시에는 되도록 구비하기를 추천한다. 그리고 이러한 자유로운 소모품의 매입은 예비 점주에 따라 필요한 품목이 다르므로 개인에 따라 필요한 소모품을 매입하고 남은 금액은 상호 계산 계정에 계리시켜 (+)가 되는 것이다.

* 상품 대금은 폐점 시 상품의 판매 및 반품으로 일정 부분 돌려받을 수 있는 금액임.

② 가맹비 770만 원(VAT포함)

 가맹비는 프랜차이즈 편의점을 오픈하려면 초기 본부에 지급해야 하는 일회성 비용으로 다른 비용과는 다르게 추후 돌려받지 못하고 사라지는 소모성 비용이라는 단점이 있다. 이러한 가맹비는 모든 메이저 프랜차이즈 편의점에서 동일하게 견적하여 점주에게 받고 있으며, 이에 해당하는 항목이 구체적으로 어떠한지는 정확히 알기 힘들다. 다만 프랜차이즈 체결에 따른 브랜드 간판 및 인테리어 사용, 전산 시스템 사용, 물류 시스템 구축 등에 따른 비용 정도로 생각하면 될 것이다.

 이러한 가맹비는 신규점을 오픈하든 기존 점포를 양도양수(전환)하든 상관없이 모든 예비 점주에게 부과되는 비용으로, 한 번 본부에 지급하면 없어지는 금액인 만큼 특히 기존 점포를 양도받는 경우 본부에서는 한 점포에서 가맹비를 두 번이나 받을 수 있어 추가로 이득이 되는 금액이라 할 수 있다.

* 가맹비는 오픈 초기 한 번 지급하면 추후 돌려받지 못하고 없어지는 금액임.

③ 본부 담보에 필요한 보증금(이행보증보험, 투자예치금, 근저당, 예금질권 등)

마지막으로 담보에 대한 투자금으로 이에 해당하는 금액은 기맹 조건(점주 임차형 or 본부 임차형)에 따라 약간씩 달라진다.

우선 점주 임차형의 경우, 임대차에 대한 체결을 이미 예비 점주가 완료했기 때문에 본부에 투자하는 기본적인 비용 2,270만 원(상품 대금 1,500만 원 + 가맹비 770만 원) 그리고 브랜드별로 약간씩은 다르지만, 보통은 보증금으로 5,000만 원 혹은 3,000만 원만 지급하면 된다. 이 보증금은 근저당이나 이행보증보험, 투자예치금, 예금질권 등으로 대체할 수 있다.

다음으로 본부 임차형의 경우, 본부에서 이미 임대차 계약을 맺어 놓았기 때문에 점주는 거기에 따른 보증금을 본부와 나눠서 처리하는 시스템으로 브랜드에 따라 약간씩의 차이가 있다. 예를 들어, GS25와 세븐일레븐은 본부 임차형 계약 시 전대보증금 혹은 예치보증금의 명목으로 최소 2,000만 원의 보증금을 받고 있으며, CU의 경우 배분율에 맞춰 투자분담금을 받는 형식으로 운영하고 있다.

결국, 오픈을 준비하고 있는 예비 점주라면 우선 가맹 조건을 어떤 방식으로 할지 정한 후 그에 맞는 비용을 준비하고, 담보는 어떠한 종류로(근저당, 이행보증보험 등) 본부에 지급할지 사전에 계획하고 움직이면 좀 더 빠르게 업무를 진행할 수 있을 것이다.

* 보증금은 추후 폐점 시 전액 돌려받을 수 있는 금액임.

〈GS25〉

가맹 유형			GS1 Type	GS2 Type	GS3 Type
투자금액	개점투자비용	상품/소모품 준비금	1,400만 원/100만 원		
		가맹비	770만 원(VAT포함)		
		계	2,270만 원		
	점포 임차 전대/예치 보증금		경영주 임차 / 자가	본부 임차	본부 임차
				전대보증금 최소 2,000만 원	예치보증금 최소 2,000만 원
	시설/인테리어		본부 지원 / 경영주 투자(특약)	본부 지원	본부 지원
	합계		점포임차비용 + 개점투자비 2,270만 원	전대보증금 + 개점투자비 2,270만 원	예치보증금 + 개점투자비 2,270만 원

〈CU〉

가맹형태		PURPLE 1	PURPLE 2	GREEN 1	GREEN 2
투자금액	가입비	770만원(VAT포함)			
	상품준비금	1,400만 원			
	소모품준비금	100만 원			
	점포임차비용	가맹점주 투자	가맹점주 투자	가맹본부 투자 (가맹점주 투자 분담)	가맹본부 투자 (가맹점주 100% 투자)
	인테리어	가맹점주 투자	무상대여	무상대여	무상대여
	집기	가맹점주 월 사용료 부담	무상대여	무상대여	무상대여
	합계	2,270만 원 + 점포임차비용 +인테리어 비용	2,270만 원 + 점포임차비용	2,270만 원 +점포임차 투자분담	2,270만 원 +점포임차 투자분담

〈세븐일레븐〉

구분		A타입	A+타입	B타입	기본 투자형	공동 투자형	안정 투자형
투자금액	가맹가입비	770만 원(VAT포함)					
	상품보증금	1,400만 원					
	소모품 준비금	100만 원					
	가맹보증금	–	2,000만 원이상	–		점포임차 비용의 50%	2,000만 원 이상
	인테리어	본부 무상지원			경영주 투자	본부 무상지원	본부 무상지원
	집기 및 전산장비	본부 무상지원					
	합계	2,270만 원 +점포임차비용	4,270만 원 이상	2,270 만 원+ 인테리어 +점포 임차비용	2,270만 원+점포 임차비용 의 50%	4,270만 원 이상

〈이마트24〉

구분		P1	P2	P3	H1
투자금액	가맹비	770만 원(VAT포함)			
	상품대	1,600만 원			
	소모품비	50만 원			
	예치보증금	–	–	–	2,000만원 ~
	점포임차	경영주	경영주	경영주	본부
	인테리어/ 집기	본부	본부	경영주	본부
	합계	점포임차+ 개점투자비 (2,420만 원)	점포임차+ 개점투자비(2,420 만 원)	점포임차+시설/ 인테리어+ 개점투자비(2,420 만 원)	예치보증금+ 개점투자비(2,420 만 원)

계약서는 출력해서 보관하고 수시로 확인하는 게 좋다

 오픈에 필요한 모든 진행 과정이 끝나고 본부와 가맹 계약까지 체결하였다면 이제 본격적으로 운영할 준비만 하면 된다. 다만 실제로 오픈하기 전에 할 일이 한 가지 더 있는데, 바로 계약서를 출력해서 보관하고 수시로 확인하는 작업이다. 요즘은 예전처럼 계약서를 출력하여 도장을 찍거나 사인을 하는 대신 전자 계약 시스템으로 계약서를 작성하다 보니 계약 체결에는 좀 더 수월하다는 장점이 있지만 USB 보관의 번거로움으로 해당 내용을 다시 컴퓨터에 연결 혹은 출력해서 보는 경우가 거의 없어졌다는 단점이 있다. 실제로 현장에서 기존 점주들에게 계약서의 내용을 확인하려고 USB의 유무를 물어보면 잃어버렸다고 하는 경우가 대부분이고, 일부 보관하고 있는 점주들조차 비밀번호를 잊어버려 오히려 새로 재발급하는 경우가 더 많으니 문제가 아닐 수 없다.

 이러한 이유로 아무리 전자 계약이 편리하다고는 하나, 기왕이면 계약 초반에 가맹 계약 체결을 하고 필요한 부분을 미리 출력해 놓으면 필요할 때 수시로 확인할 수 있어 요긴하게 활용할 수 있다. 구체적으로 어떠한 내용들이 중요한지 살펴보자.

① 초기안정화지원금 및 재고 조사에 관한 내용

 초기안정화지원금이란 오픈 초기 안정화 단계에서의 손실을 보전해 주는 등 초기 안정화를 돕기 위해 가맹 사업자(점주)에게 지원해 주는 시스템으로, 메이저 편의점마다 용어 및 기간이 약간씩은 다르지만 내용적인 측면에서는 거의 비슷하다. 편의점에서는 중요하면서도 차별화된 시스템이고 오해의 소지가 상당히 많기에 반드시 계산 방법을 정확히 숙지하고 오픈해야 한다.

좀 더 구체적으로 CU의 경우를 예로 들자면, 기간은 24개월이고 기본적으로 계산 방식은 아래와 같다.

[2,000,000원 + 본건 점포 개점 시의 월차임 금액 - (당월의 매출이익에서 당월의 가맹 수수료를 뺀 금액 + 당월의 제장려금)]

이렇듯 단순히 오픈하고 점포의 이익금이 어느 정도 수준까지 안 나오면 얼마를 지원해 준다는 방식이랑은 차이가 있다. 실제로 예전에는 본부의 잘못된 설명과 예비 점주의 오해로 인해 이익금 월 500만 원이 안 나오면 그 차액을 본부에서 그대로 지원해 준다는 내용으로 잘못 알고 오픈하여 본부와 상당한 다툼을 겪는 모습도 자주 보았다.

다음으로는 재고 조사에 관련된 내용이다.

재고 조사는 편의점 운영에 있어서 중요한 부분으로, 보통 4개월에 한 번씩 진행되며, 그 결과에 따라 이익금에서 (+)가 나기도 하며 (-)가 나기도 한다. 보통 비용은 메이저 브랜드마다 약간씩 차이가 나며(계약서에 기재), 정기적인 조사에 한해서는 그 금액을 본부에서 전액 처리한다. 그리고 한 가지 더, 차이 발생 시 본부에서의 장려금 중단 등의 제재가 가해지는데, 그러한 내용도 다시 한번 확인해 두면 좋다.

② 계약 기간 및 계약 종료에 관한 내용

현재 편의점을 운영 중인 점주들과 면담을 하다 보면 의외로 본인 점포의 가맹 계약 기간에 대해 잘 모르는 경우가 상당히 많다. 또한 이 조항에는 가맹 계약의 갱신 및 합의해지, 중도해지, 개점 전 해지 등 중요한 내용이 기재되어 있음에도 대부분의 점주들은 그 내용에 대해 모르는 경우가 많다. 따라서 사전에 출력해 놓으면 필요할 때 확인하고 업무를 진행할 수 있다.

우선 가맹 계약 기간은 대부분 시작과 종료월 정도는 대부분 알고 있으나, 정확히 며칠부터 며칠까지인지는 잘 모른다. 언뜻 크게 중요하지 않다고 생각할 수 있으나, 임대차 계약 기간을 정할 때 서로 동일하게 맞추면 손해 보는 일이 없기 때문에 미리 알아 두면 좋다. 만약 가맹 계약 기간이 5월 10일인데 임대차 계약 기간은 4월 30일이면 건물주와 1개월 치의 계약을 추가로 맺어야 하는 등의 번거로움(손해)이 발생할 수 있기 때문이다.

다음으로 계약의 갱신에 관한 부분은 가맹 계약 기간이 만료되기 전연장 의사가 없을 시 최소 3개월 전에는 내용증명을 보내야 한다는 내용으로, 꼭 알아두어야 할 사항이다. 만약 일정을 제대로 확인하지 못하고 내용증명을 보내는 일정이 늦춰지면 본부에서는 가맹 계약의 자동 연장을 주장할 수도 있다.

마지막으로 해지에 관련해서는 서로 의사를 합의해서 하는 합의해지, 점주가 일방적으로 통보하는 중도해지, 오픈하기 직전 해지하는 개점 전 해지에 관한 내용이 있다. 각각의 상황에 따라 점주에게 부과되는 위약금이 천차만별이니 미리 알아 두고 부득이한 상황이 발생했을 때 미리 준비해 두면 된다.

③ 종료 시 조치에 관한 내용

마지막으로는 종료 시에 발생할 수 있는 조치에 관한 내용으로, 분쟁 가능성이 가장 큰 부분이기 때문에 반드시 출력하여 수시로 확인해야 한다. 이 조항에는 보통 원상회복과 종료 수속비, 상호 계산 계정의 정산 등에 관한 내용이 기재되어 있다.

우선 가장 간단한 종료 수속비는 부가세 포함 55만 원으로 모든 메이저 편의점이 동일한 비용을 부과하고 있으며, 이는 폐점일에 진행되는 상품에 대한 재고 조사비, 정산 수속 등 기타 제반 수속에 필요한 경비라 할 수 있다.

다음으로 원상회복에 관한 부분은 해당 편의점 브랜드 폐점에 따른 시스템과 표장의 사용 중지 및 중단에 관한 내용, 시설 인테리어 잔존가, 집기 철거 보수비 등에 관한 내용이 기재되어 있다.

특히 시설 인테리어 잔존가와 집기 철거 보수비에 관한 내용은 신경 써서 알아두어야 할 부분인데, 폐점 시 비용의 가장 많은 부분을 차지하기 때문이다. 즉, 폐점을 하게 되면 시설 인테리어 잔존가는 의무 계약 기간인 60개월로 나눠 남은 비용이 부과되고, 집기 철거 보수비는 운영 개월 수와는 상관없이 평수(집기의 양)에 따라 비용이 다르게 부과된다. 그리고 이러한 항목은 폐점 시 점주가 가장 먼저 궁금해하는 비용인만큼 미리 운영 기간에 따라 대충 얼마나 나올지 알면 혹시 모를 폐점에 대비할 수 있을 것이다.

끝으로 상호 계산 계정의 폐쇄에 관한 내용으로, 폐점 후 70일 정도

후에 투자금을 회수할 수 있다는 내용과 담보를 해지해 준다는 내용이기 때문에 미리 알아 두면 좋다.

가맹 계약 체결 후 해지를 할 수 있을까?

일반적으로 프랜차이즈 편의점 창업의 최종 단계인 본부와의 가맹 계약을 체결하게 되면 모든 서류상의 준비는 끝나게 된다. 즉 계약금을 입금하고, 교육을 받고, 점포 공사를 하는 등 실무적인 업무만 진행하면 바로 개점할 수 있는 것이다.

그러나 만약 가맹 계약까지 체결하고 본부의 약속 불이행 또는 예비 점주의 변심으로 인해 부득이하게 최종적으로 오픈하고 싶지 않다면 어떻게 해야 할까? 그래도 계약을 체결했으니 무조건 개점해야 하는 것일까? 다행히도 그렇지는 않다.

물론 계약을 체결한 이상 예비 점주는 일정 금액 손해를 볼 수밖에 없지만, 공사를 아직 진행하지 않았다면 충분히 해지할 수 있다. 그러나 공사가 이미 진행되었다면 해지의 이유가 본부에 있는지, 점주에 있는지에 따라 비용의 부담 주체가 달라질 것이다.

그러니 단순히 가맹 계약을 체결했다고 해서 무조건 본부에 끌려다니거나, 사전에 제대로 알아보지 않고 계약했다고 해서 억지로 개점해야 하는 것은 절대 아니다.

① 가맹 계약 해지의 원인 제공자가 누구인가?

오픈을 하기 전에 가맹 계약에 대한 해지를 하는 데 있어서 가장 중요한 부분은 이러한 해지를 선택하게 된 이유가 누구 때문이냐이다. 즉, 본부의 약속 미이행 때문인지, 아니면 예비 점주의 단순 변심 때문인지에 따라 위약금이 달라진다.

예를 들어, 예비 점주가 개발 담당과의 협상 과정에서 지원금에 대한 금액이 변했다든지, 초기 공사에 대한 요구가 제대로 반영되지 않았다든지, 예정되었던 오픈 일이 연기되었던지 등 본부 측에서 약속을 지키지 않았다면 당연해지를 주장할 수 있다. 실제로 공사 진행 과정에서 예비 점주가 원하는 방향으로 진행되지 않아 오픈을 거부하였고, 해지까지는 아니더라도 예비 점주가 원하는 공사가 모두 완료된 후 오픈을 진행한 경우가 종종 발생하기도 한다. 그리고 이렇게 본부의 책임으로 인해 오픈 전 해지가 된다면 당연히 위약금은 물지 않고 계약을 해지할 수 있다.

그러나 반대로 예비 점주가 가맹 계약을 체결한 뒤 여러 가지 정보를 들어 다른 업종을 알아보거나 다른 브랜드를 생각하는 등 단순 변심이 생겼다면 이는 점주의 일방적인 해지이기 때문에 위약금이 발생한다. 그리고 이러한 단순 변심에 의한 해지를 요청한다고 해도 최소 공사가 진행되기 전까지는 본부측에 의견을 사전에 고지해야 그 비용을 최소화할 수 있으니 알아 두어야 할 것이다.

오픈하기 전 가맹 계약 해지에 따른 위약금은 브랜드별 편의점마다 약간씩 차이가 있으나, 일반적으로 300만 원 내외이니 참고하길 바란다. 이 부분은 잘 생각해야 하는 문제로, 위약금 300만 원 정도가 아까워서 자칫 잘못된 개점을 했다가는 매출이 저조하여 60개월 내내 본인의 인건비도 못 건지는 최악의 상황이 발생할 수 있다는 사실을 명심해야 한다.

② 위약금이 발생하더라도 초기에 결정해라

편의점을 오픈하려는 일부 예비 점주 중에는 창업에 관련된 업무를 진행해 나가는 과정에서 다소 불합리한(?) 느낌을 받았음에도 불구하고 그냥 창업을 진행하는 경우를 종종 볼 수 있다. 즉 개발 담당과 상담을 계속하면서 상권에 대해 이해하지 못했거나(상권이 좋지 않다는 느낌을 받거나), 다른 점포들에 비해 지원금이 약한 거 같거나, 공사에 대한 부분이 마음에 들지 않는 등 원치 않는 상황이 발생했음에도 계약 과정이 진행되고 있으니 어쩔 수 없이 따라가야 한다고 생각하는 것이다.

이는 굉장히 위험한 발상이다. 편의점은 일단 한 번 오픈하게 되면 중도 해지 시 위약금이 발생하므로 최소 4~5년은 의무적으로 운영해야 하기 때문에 다른 일반 업종에 비해 좀 더 신중한 판단을 해야 한다. 다시 말해, 초기에 잘못된 판단을 하게 되면 개인적인 사업이야 바로 폐점하고 끝내면 되지만, 프랜차이즈 편의점은 꽤 오랜 시간 손해를 보더라도 어쩔 수 없이 강제로 운영해야 한다는 얘기다. 실제로 초반에 약간 의심이 갔지만 어쩔 수 없이 오픈하여 5년 동안 본인의 인건비도 제대로 받지 못하고 시간만 허비하며 일했다는 점주를 종종 볼 수 있었는데, 모두 초기에 제대로 된 대응을 하지 못했기 때문이라고 할 수 있다.

그러니 상담을 진행하면서 개발 담당에게 말하기 불편하거나 궁금한 사항이 생겼을 때, 무언가 잘못된 부분이 발견되었을 때 혹은 마음에 들지 않은 부분이 있을 때 반드시 재협상을 통해 제대로 바로잡든지, 손해를 보더라도 계약을 해지해서라도 나중에 발생할 수 있는 더 큰 피해를 막아야 한다.

③ 억울하다면 공정거래위원회에 문의해라

만약 가맹 계약을 체결하고 본부가 약속을 지키지 않았음에도 개선해주지 않고 계속해서 설득만 하려 하거나, 위약금으로 강압적인 오픈을 시도하려 한다면 바로 공정거래위원회에 신고하면 된다. 공정거래위원회란 독점 규제 및 공정거래에 관한 사무를 관장하는 국무총리실 소속 중앙행정기관으로, 독점 및 불공정거래에 관한 사안을 심의 의결하기 위해 설립된 합의제 준사법기관이다. 즉, 프랜차이즈 대기업이 예비 점주를 상대로 부당한 계약을 체결하려 하면 제재를 가하는 대표적인 국가기관이다.

그리고 대부분의 프랜차이즈 기업은 매년 공정거래위원회에서 발표하는 업종별/브랜드별 불공정 접수 건에 따라 상당히 민감하게 반응하기 때문에 만약 위와 같은 상황이 발생한다면 간단한 접수만으로도 생각보다 문제 해결에 큰 도움이 될 것이다(실제로 대기업 프랜차이즈일수록 1~2개의 가맹점으로 인해 회사 전체의 이미지가 실추되는 것을 상당히 두려워하기 때문에 공정위 접수 시 웬만하면 서둘러 타협하려 하는 경향이 있다).

 물론 본부는 아무런 잘못도 없고 예비 점주의 단순 변심으로 인하여 계약 해지 관련 분쟁이 생겼을 때 단순히 위약금을 지급하기 싫어 공정거래위원회에 접수한다면 오히려 본부는 가맹계약서상의 체결 조건을 바탕으로 예비 점주의 잘못을 주장할 테니 반드시 본부의 잘못이 있을 때만 활용해야 한다.

5단계 점주 교육 및 점포 공사

교육 기간에는 무엇을 배울까?

가맹 계약까지 체결 후 투자금을 모두 입금했다면 이제는 본부에 교육을 받으러 가는 일이 남아 있다. 최근 몇 년 동안은 코로나19로 인해 대부분 비대면 온라인 교육을 진행해 왔지만, 일반적으로는 열흘 정도 서울 본부 혹은 본부 인근에 있는 교육장에서 여러 명이 함께 모여 교육을 받는다. 그리고 이러한 교육을 받기 위해 지방에서 올라온 예비 점주들을 위해 편의점 본부에서는 숙식을 제공하는데, 두 명 정도가 함께 숙박할 수 있는 레지던트 호텔과 점심 식사 비용을 실비로 제공해 주고 있다.

다만, 이러한 비용 역시 공짜는 아니고 초기 예비 점주가 가맹비로 본부에 지급하는 770만 원(VAT포함) 중 일부를 사용하는 것이니 가족 중에 교육을 받을 수 있는 인원이 있다면 최대한 함께 가서 교육을 이수하는 게 좋다.

또한 혹시 나중에라도 명의를 바꾸게 될지도 모르니 되도록 혼자보다는 배우자, 혹은 미혼일 시 다른 가족이라도 함께 가는 걸 추천한다. 추후 명의 변경 시 기존에 교육을 받은 이력이 있으면 추가로 교육을 받아야 하는 번거로움을 피할 수 있기 때문이다.

① 카운터에서 계산하는 방법

가장 먼저 배우는 내용은 가장 중요하다고 할 수 있는 카운터에서 계산하는 방법이다. 이러한 계산하는 장비를 포스(POS) 기계라 하는데, 운영하면서 가장 많이 사용하면서 고객과의 접객에 있어서 중요한 부분이기 때문에 잘 배워 둬야 한다.

즉, 포스 사용이 미숙한 경우 고객을 카운터 앞에 두고 기다리게 하여 클레임이 발생할 확률이 높고, 이런 경우 이용의 불편함으로 인해 대부분의 해당 고객은 재방문하지 않을 가능성이 크다. 특히나 편의점은 인근에 경쟁점이 많기 때문에 마음에 들지 않으면 어쩔 수 없이 재방문하는 게 아니라 바로 주변에 있는 인근 편의점으로 가서 필요한 물건을 구매하게 된다.

또한 단순히 포스기의 조작이 미숙한 경우뿐만 아니라 계산을 느리게 하는 상황도 문제가 될 수 있다. 특히 상권 중에서도 학원가나 주변에 사무실이 밀집한 오피스가처럼 고객이 특정 시간대에 많이 몰리는 입지의 점포라면 특히나 빠른 계산은 중요하다고 할 수 있다. 마트의 경우 따로 시간을 내서 대량의 물건을 구매한 후 나중에 먹을 상품을 구매하지만, 편의점은 구매의 목적이 다르기 때문이다. 대부분 짧은 시간에 먹을거리를 구매하여 바로 먹을 수 있는 상품들을 구매하는 고객이 많다. 즉, 시간에 쫓기는 고객들을 느린 계산으로 인해 제대로 응대하지 못한다면 시간이 흐를수록 점점 더 단골 고객은 줄어들 것이니 제대로 된 조작법과 더불어 계산 시간은 상당히 중요하다고 할 수 있겠다(실제로 일본에 있는 메이저 편의점의 경우 점포 운영력 점검과 관련하여 빠른 포스 조작법이 세부 항목에 포함되어 있을 정도이다).

② 사무실 컴퓨터(OPC)를 사용하는 방법

편의점 운영을 위해서는 가장 기본적인 계산을 하는 포스와 함께 각종 데이터를 확인하고 발주를 할 수 있는 OPC 컴퓨터를 사용할 줄 알아야 한다. 특히 이 컴퓨터는 발주를 하는 데 있어서도 가장 중요한 역할을 하지만, 여기에 더해 상품의 검수와 매출의 분석, 정산서 확인 등 점포에 관련된 모든 데이터를 확인할 수 있는 중요한 장비인 만큼 더욱 집중해서 사용법을 익혀야 할 것이다.

우선 발주를 위한 업무로는 보통 PDA라고 해서 휴대용으로 들고 다니면서 상품을 찍는 장비도 있지만, 굳이 재고를 확인하지 않고도 발주를 넣을 수 있는 간편 식사(도시락, 삼각김밥, 샌드위치 등) 및 유제품은 일반적으로 컴퓨터를 보면서 발주를 넣는다. 또한 현재 판매하고 있지 않은 신상품의 경우에도 역시 컴퓨터를 통해 상품에 대한 상세한 설명을 확인하고 발주할 수 있다.

두 번째로는 검수 업무인데, 하루 세 번 상품이 들어오면 점주는 배송 기사가 전달해 주는 전표(상품 리스트가 적혀 있는 종이)와 실제로 들어온 상품이 맞는지 확인하고, 정확하다면 마지막으로 해당 상품들이 제대로 들어왔다는 내용을 컴퓨터에 입력한다. 그리고 이러한 작업을 거치면서 실제 점포의 재고와 본부에서 관리하는 재고의 차이가 없게 되는 것이고, 4개월에 한 번씩 진행되는 재고 조사에서도 문제가 발생하지 않는 것이다.

이 밖에도 OPC 컴퓨터로는 전년 대비 매출 현황, 일자별/시간별 매출 분석, 상품별 판매 순위, 재고 관리, 정산서 확인 등 다양한 업무가 가능한 만큼 상당히 중요한 교육이라 할 수 있으니 집중해서 배우고, 자주 사용해 보면서 익히길 권장한다.

③ 현장에서의 상품 정리 및 시간대별 업무

마지막으로 본부에서 배우는 교육으로는 현장 실습으로, 보통 본부와 가까운 직영점에서 실전과 같은 실습을 하게 된다(야간 근무 포함). 즉 실제로 점주가 되었다는 가정하에 편의점을 운영할 시 시간대별로 어떠한 업무를 해야 하는지를 직접 체험해 봄으로써 오픈에 앞서 실전 감각을 익힌다. 예를 들어, 실제 접객 및 계산, 상품 배송 시 검수 방법과 OPC 컴퓨터에서 확정하는 방법, 시간별 유통기한 점검 노하우, 점포 청소 구역 및 방법 등 현장에서만 알 수 있는 내용을 주로 배운다.

마지막에 진행되는 이러한 현장 실습은 예비 점주에게 상당히 중요하다고 할 수 있으며, 혹시 실수를 저지르더라도 직영 점장(본부 신입사원)이 있으니 걱정하지 말고 더욱더 적극적으로 체험하고 배울 것을 추천한다.

특히 시간대별로 주로 어떠한 업무를 하는지가 도움이 많이 되는데, 물론 모든 점포가 똑같지는 않지만 가장 기본이 되는 직영점에서의 스케줄이니 익혀 두면 실제 내 점포의 운영 시 상당히 요긴하게 활용할 수 있다. 따라서 되도록 메모해 가며 익혀 두길 바란다.

물론 며칠간의 짧은 교육으로는 내 점포에서 바로 기억해서 적용하기가 어렵고 더욱이 시간이 지나면서 금방 잊어버릴 것이다. 그러나 너무 걱정할 필요는 없다. 정기적으로 영업 담당이 반복적으로 재교육을 진행해 주니 다시 배우면 된다. 다만, 기왕이면 좀 더 빠르게 익힐수록 고객과의 소통이 원활해지며 안정적으로 매출을 올리는 시간을 줄일 수 있으니 최대한 집중해서 교육에 임하는 게 좋을 것이다.

교육을 받는 기간 동안 필요한 인허가를 받아 두면 좋다

앞에서 언급했듯이, 가맹 계약을 체결하고 나면 대략 10일간의(코로나19 등 특수한 경우라면 비대면 혹은 기간이 축소되기도 한다) 교육을 받게 된다. 보통은 계약 당사자와 추가로 1인까지 교육을 받을 수 있는데 혹시 모르니 나중을 위해서라도 가능하면 함께 받아 두는 게 좋다.

이러한 교육은 대개 본부 건물에 부속되어 있는 교육장과 인근에 있는 직영 편의점에서 받으며, 수도권에 거주한다면 자유롭게 출퇴근을 하면 되고, 만약 거리가 꽤 되는 지방에 거주하는 예비 점주라면 본부에서 제공해 주는 숙소를 이용하면 된다.

그리고 이 기간에는 단순히 교육을 받는 것뿐만 아니라 시간이 가능할 때 개발 담당을 통해 편의점 운영에 필요한 각종 인허가를 취득해 놓을 수도 있다. 이럴 경우 오픈 시 따로 시간을 내서 보건소나 시청에 갈 필요가 없어 좀 더 편하게 업무를 진행할 수 있을 것이다.

그렇다면 지금부터 어떠한 인허가를 미리 취득해 놓으면 좋은지 좀 더 자세히 살펴보도록 하겠다.

① 즉석조리 식품 판매를 위한 휴게음식업 취득

편의점에서 주변 경쟁점과 매출을 차별화할 수 있는 가장 큰 카테고리는 바로 즉석조리 식품일 것이다. 예를 들어 베이커리, 치킨, 고구마, 어묵 등 점포에서 바로 조리하여 판매하는 음식들이 바로 그것이다. 그리고 이 중에서도 요즘 가장 인기가 많은 필수 먹을거리는 치킨이다. 즉석조리 도입 초창기에는 아이템도 많고 커피와 가볍게 즐길 수 있는 베이커리의 인기가 가장 많았으나, 냉동된 생지의 해동 및 숙성 등의 번거로움에 비해 매출이 저조하여 요즘에는 운영하는 편의점이 거의 없어진 상태이다. 반면 치킨은 냉동된 치킨 조각을 해동 없이 바로 기름에 튀기기만 하면 되기 때문에 운영이 간편하다. 또한 교촌치킨, BBQ, BHC 등 프랜차이즈 치킨집의 경우 한 마리에 보통 20,000원이 훌쩍 넘는 높은 가격으로 인해 편의점에서 조각으로 저렴하게 구매하여 먹는 경우가 상당히 많아졌다(치킨 한 조각당 2,000원 내외).

그리고 이렇게 매장에서 직접 조리하여 음식을 판매하고자 할 때 필요한 인허가가 바로 휴게음식업으로, 사전에 취득하여 편의점을 오픈하고 바로 판매할 수 있기를 추천한다.

우선 휴게음식업을 취득하기 위해서는 보건증과 위생교육필증을 취득해야 한다. 보건증은 가까운 보건소에 방문하여 간단한 검사를 하면 특별한 건강상의 문제가 없다면 발급해 주고, 위생교육필증은 인터넷 사이트 한국휴게음식업협회에서 3시간 정도의 온라인 강의를 이수하면 바로 출력할 수 있으니 참고하길 바란다.

그리고 마지막으로 검사와 교육 이수를 모두 완료한 뒤 본부 개발 담당에게 서류를 주면 처리가 끝나는 것이다.

② 약품 판매를 위한 안전상비의약품의 취득

이제는 편의점에서도 의약품을 판매하는 시대다. 물론 판매자의 전문성 부족 등 여러 가지 문제로 인해 취급할 수 있는 약의 종류에는 제약이 있지만, 일반적으로 고객들이 가장 많이 찾는 두통약이나 감기약, 소화제 등의 판매는 가능하며 덕분에 점포의 매출에도 큰 영향을 끼치고 있다.

다만 현재 19시간을 운영 중이거나 처음부터 19시간 운영으로 오픈하려는 예비 점주들이 가장 고민하고 아쉬워하는 부분이 바로 이 의약품 판매일 정도로 편의점에서의 약 판매는 굉장히 중요하다(19시간 운영 편의점은 법적으로 의약품 판매 허가를 취득할 수 없다).

이러한 의약품을 판매하기 위해서는 안전상비의약품에 대한 허가증을 취득해야 하는데, 방법은 어렵지 않으니 미리 시간날 때 취득해 놓기를 추천한다.

방법은 다음과 같다. 안전상비의약품 판매자 교육 사이트(www.eduhds.or.kr)에서 4시간 정도의 교육을 이수하고, 이 수료증을 가지고 보건소에 가서 허가증을 받아오면 된다. 교육비는 30,000원 정도이다. 그 후 마찬가지로 개발 담당에게 서류를 전달해 주면 끝이다.

③ 추가적인 매출을 위한 종량제 봉투, 의료기기판매업의 취득

마지막으로는 기타 부수적인 인허가로 종량제 봉투와 의료기기판매업의 허가를 들 수 있다. 우선 종량제 봉투의 경우 편의점에서 반드시 판매해야 하는 것은 아니지만, 입지에 따라(특히, 유흥가나 오피스텔) 매출에 상당히 도움이 되기 때문에 초기부터 취득하여 운영하기를 추천한다. 실제로 현장에 방문하다 보면 오픈한 지 꽤 지났음에도 필요 없다며 종량제 봉투를 판매하지 않는 점포를 종종 보게 되는데, 이런 경우 판매가 되지 않는 게 아니라 판매하지 않기 때문에 고객이 찾지 않는 경우가 대부분이다.

그리고 종량제 봉투의 경우 시청이나 군청에 가서 서류 한 번만 작성하면 바로 허가해 주는 만큼 초기에 따 두면 운영하는 내내 따로 번거로울 일이 전혀 없으니 되도록 취득하길 바란다.

두 번째는 의료기기판매업으로, 이 인허가는 기존에는 점포에서 그다지 많은 쓸모가 있지는 않았으나 코로나19로 인해 점점 취득하는 점포가 증가하고 있다. 바로 자가진단키트의 판매가 가능하기 때문이다.

이러한 의료기기판매 인허가의 경우 코로나19 이전 초창기에는 임신테스트기를 판매하기 위해 일부 점포에서만 취득하는 경향이 있었으나, 해당 상품을 찾는 고객이 많지 않고 매출도 생각보다 크지 않아 굳이 비용을 내면서까지 취득하는 것을 추천하지는 않았다. 그러나 코로나19가 발생하고 자가진단키트의 판매를 위해 의료기기판매 인허가가 필요해짐에 따라 요즘에는 매출 상승을 위해 취득을 적극 권유하고 있다. 물론 정부의 방침에 따라 의료기기판매업 없이도 자가진단키트를 판매하게 한 적도 잠깐 있었으나, 정책이 수시로 바뀌는 상황에서 처음부터 취득해 놓으면 마음 편히 팔면서 매출을 올릴 수 있으므로 역시 초기에 취득하기를 권유하는 바이다.

교육과 공사는 동시에 진행하지 마라

 프랜차이즈 본부와 가맹 계약을 체결한 뒤 오픈하기까지 이제 남아 있는 업무는 교육과 점포에 대한 공사일 것이다. 흔히들 여기서 모든 진행 과정이 끝난 줄 알고 대충 본부와 협의하여 오픈 일정을 정하는데, 그러다가 잦은 마찰을 불러오기도 한다.

 그 이유는 바로 본부에서 오픈에 대한 일정을 너무 빠르게 잡으려 하기 때문이다. 그리고 이러한 이유로 대부분은 예비 점주가 본부에서 교육을 받는 중에 앞으로 운영할 점포의 공사가 동시에 진행된다. 다시 말해, 5년간 운영할 점포의 공사에 대한 진행 상황을 예비 점주는 알지 못하며, 당연히 공사가 원하는 방향과 다르게 진행되어도 이미 완료되어 이의를 신청하기 어려워지는 것이다.

 물론 일부 사람들은 프랜차이즈 편의점은 공사에 사용되는 비용 전액을 본부에서 부담하기 때문에 어쩔 수 없지 않냐고 할 수도 있겠지만, 이는 전혀 잘못된 이야기이다. 앞에서도 여러 번 언급했듯이 본부의 공사 비용 투자 조건으로 점주는 60개월의 의무 계약을 체결하는 것이기 때문이다. 즉, 점주는 60개월은 무조건 운영해야 하는 의무를 지는 것이고, 더욱이 매출 저조 등의 부득이한 상황이 발생하여 폐점이라도 하게 되면 남아 있는 잔존가 역시 전액 점주가 부담하게 된다. 그러니 당연히 공사에 대한 초기 투자를 본부가 한다고 해도 좀 더 자세히 살펴보면 점주는 그 이용에 대한 권리를 당당히 요구할 수 있는 것이다.

① 오픈 일정은 넉넉히 잡아라

본부와 오픈 일정을 협의하는 데 있어서 가장 중요한 부분은 바로 넉넉하게 여유를 가지고 잡아야 한다는 점이다. 편의점에 대해 잘 모르는 사람들이 보면 당연한 얘기로 들릴지 모르겠지만, 직접 창업 과정을 진행하다 보면 왜 그러는지 이해가 갈 것이다. 바로 대부분의 개발 담당들이 오픈 일정을 상당히 서두르기 때문이다. 실제로 아는 점주 중에서는 오픈 과정을 진행 중에 어머님께서 돌아가셨는데, 본부의 계속되는 압박으로 인해 얼마 지나지 않아 오픈하게 되었다는 경우도 보았다.

물론 이러한 오픈 일정이 강제는 아니다. 다만 막상 본부와의 협상에 들어가면 여러 가지 이유를 들며 최대한 가맹 계약을 체결한 해당 월을 넘기지 않으려 할 것이다. 그리고 이러는 이유 중 가장 큰 부분은 바로 개발 담당들의 오픈 실적 때문이다. 즉, 매월 메이저 편의점 개발 담당은 오픈해야 하는 목표(숫자) 실적이 있으며, 그 기간을 넘기면 회사에서 압박을 받는다. 그러니 당연히 오픈을 서두르는 것이며, 예비 점주한테는 자신이 제시하는 조건(지원금이나 공사 등)이 다음 달이면 바뀔 수도 있다는 말도 안 되는 얘기를 하며 일정을 서둘러 진행하려 한다. 하지만 다시 한번 얘기하자면, 본부에서 제시하는 지원금 등은 해당 월이 아무리 지난다고 몇 달 사이에 바뀌는 일은 절대 없으니 걱정하지 말아라. 만약 그런 식으로 반강제적으로 점포의 오픈 일정을 당기려 한다면 바로 계약을 해지한다고 해라. 아마 바로 일정을 조정해주겠다고 할 것이다.

② 교육이 끝나면 공사를 시작해라

대부분의 프랜차이즈 편의점은 위에서 언급했듯이 예비 점주가 교육에 들어간 사이 공사를 진행하고, 예비 점주가 교육을 받고 오면 해당 공사가 마음에 들건 들지 않건 바로 오픈하는 시스템으로 운영된다. 이러한 시스템은 상당히 잘못되었다 할 수 있겠다. 공사라는 건 한 번 진행하면 다시 바꾸기도 쉽지 않으며, 다시 진행한다 해도 그 비용 역시 상당히 많이 발생하기 때문이다. 결국 예비 점주는 공사 내용이 마음에 들지 않아도 어쩔 수 없이 울며 겨자 먹기 식으로 오픈하게 되는 것이다. 이는 실제로 오픈 전 현장에서 가장 많이 발생하는 문제로, 예비 점주가 교육을 끝내고 돌아와 보니 이미 공사가 다 끝났다고 하며, 자신이 원했던 부분이 제대로 반영되지 않았다고 클레임을 거는 경우가 상당수이다. 그만큼 운영에 있어서 큰 문제가 아닐 수 없다.

그러므로 개발 담당과 오픈 일정에 대해 협의할 때 반드시 교육이 끝나는 일정에 맞춰 매장 공사를 시작해 달라고 요청해야 하며, 그 기간 역시 넉넉히 잡아서 혹시 변경해야 할 수 있는 공사 부분까지도 챙겨야 한다.

③ 공사를 시작하면 수시로 방문하여 체크해라

이렇게 교육과 공사에 대한 일정을 분리해서 진행한 후 교육 과정을 전부 이수하였다면, 이제부터는 공사에 적극 관여해야 한다. 간혹 일부 점주들은 본부에서 다 알아서 해 주는데 굳이 따로 해야 하느냐는 식의 안타까운 답변을 하는데, 상당히 무책임한 얘기라 할 수 있다. 위에서도 언급했지만, 투자에 대한 비용은 본부라 할지라도 60개월의 의무 계약을 맺고 직접 운영할 사람은 바로 점주이다. 그러한 점주가 오랜 시간 운영할 점포의 공사가 도면대로 제대로 되는지, 원하는 부분이 잘 반영되는지, 대충대충 하는 건 아닌지 등을 점검하는 건 당연한 일이다. 그리고 그래야 나중에 공사에 문제가 생겼을 때 점주 비용이 아닌 본부의 비용으로 처리하게끔 당당히 요구할 수 있다.

그러니 공사가 시작되면 해당 기간인 열흘에서 보름 정도는 되도록 매일 짧게라도 나와서 공사 현황을 확인하고, 나중에 A/S가 가능한 집기보다는 한 번 공사하고 나면 다시 바꾸기 어려운 시설 인테리어 위주로 원하는 방향에 맞게 잘 진행되고 있는지 점검하면 추후 발생할 수 있는 (재공사를 하게 되는) 문제를 사전에 막을 수 있을 것이다.

편의점 공사는 인테리어와 집기로 나누어진다

앞으로도 수없이 많이 언급했듯, 편의점 창업의 가장 큰 장점은 저렴한 투자금과 특별한 기술이 필요 없다는 점이다. 그리고 그 저렴한 투자가 가능한 가장 큰 이유는 바로 공사에 필요한 투자 비용을 거의 모두 본부에서 책임지기 때문이다.

일반적으로 프랜차이즈 편의점을 제외한 카페나 치킨집, 음식점 등 대부분의 자영업을 하기 위해서는 평당(m^2) 몇백 만 원의 공사 비용이 투입되며, 여기에 음식을 만들기 위한 각종 집기까지 포함하면 최소한으로 계산해도 대략 1억 원이 넘는 투자금이 들어간다. 그러나 편의점은 이러한 인테리어 공사와 집기 도입에 필요한 6,000~7,000만 원의 초기 비용을 전부 본부에서 투자한다. 그러니 당연히 오픈하려는 예비 점주는 이러한 비용을 제외하고 담보를 포함해서 몇천 만 원만 있으면 편의점을 오픈할 수 있고, 이러한 이유에서 편의점은 경기가 좋지 않을수록 오픈을 희망하는 예비 점주들의 수가 오히려 늘어나는 경향을 보이는 것이다.

다만, 이러한 편의점 공사는 본부에서 공짜로 해 주는 것이 아니라 일정 기간 빌려주는 개념이다. 따라서 추후 폐점 시 다시 본부에 돌려주어야 하고, 여기에 더해 몇 가지 조심해야 하는 사항이 있는 만큼 사전에 충분히 숙지한 후 접근해야 추후 발생할 수 있는 금전적인 손해를 방지할 수 있다.

① 본부 공사비 투자 = 점주 60개월 가맹 계약

앞에서도 언급했듯이 편의점은 초기 공사에 대한 비용 대략 6,000만 원 내외의 금액을 본부에서 부담한다. 그리고 이러한 이유에서 간혹 공사를 본부에서 마음대로 진행해도 되고, 점주의 의견은 반영되지 않는다고 잘못 생각하는 경우를 종종 보게 된다. 그러나 이는 분명히 잘못된 생각이다. 그 이유는 비록 공사에 대한 비용은 본부에서 지급하지만, 그 조건으로 점주는 60개월이라는 의무 계약 기간 동안 편의점을 운영해야 하기 때문이다. 즉, 본부가 초기 투자한 비용을 점주는 60

개월 동안 운영하면서 매월 수익률을 나눠서 본부에 지급하는 것이다. 그러니 어찌 보면 우리가 흔히 할부로 구매하는 정수기나 핸드폰처럼 먼저 상품을 가지고 온 후 다달이 갚아 나가는 시스템과 비슷하다고 할 수 있다. 더욱이 이러한 할부를 중도에 해지하면 위약금이나 남아 있는 기계의 잔존가를 부과하는 것도 거의 비슷하다고 생각하면 된다.

그러니 단순히 공사를 진행하는 비용을 본부에서 전액 처리한다고 좋아하면서 시키는 대로만 할 것이 아니라, 처음부터 필요한 부분에 대해 적극적으로 관여하는 등 원하는 바를 정확히 얘기하고 진행하는 것이 타당하다.

② 인테리어는 폐점 시 남아 있는 개월 수에 따라 잔존가가 발생한다

이러한 편의점 공사는 바닥과 벽체, 천장 등의 인테리어 공사와 냉장고, 진열대 등의 집기 공사로 나누어지는데, 먼저 인테리어의 경우 주의할 부분이 바로 잔존가에 대한 금액이다. 다시 말해, 점포 크기에 따라 다르겠지만 대략 3,000만 원 정도 들어가는 인테리어 비용은 60개월로 나누어 일정 금액씩 감가상각이 되는 것이다. 다시 말해, 의무 계약 기간인 60개월 동안 점주에게 부과되는 비용은 0원이 된다. 그러니 그 후로는 언제 폐점을 진행하든 본부에 물어낼 비용이 없는 것이다.

그러나 만약 매출 저조 등 특별한 사정으로 인해 중간에라도 폐점하게 된다면 점주는 남아 있는 인테리어 잔존가를 본부에 위약금으로 지불해야 한다. 예를 들어, 본부에서 인테리어에 초기 3,000만 원을 투자한 후 점주가 60개월 중 부득이하게 30개월만 운영하고 폐점을 하

게 된다면, 나머지 남아 있는 30개월 치의 금액 1,500만 원의 잔존가를 폐점 비용으로 본부에 지불해야 하는 것이다.

이러한 이유는 인테리어 공사는 집기와는 달리 폐점을 하는 순간 다른 점포에서 재사용하기 어렵고, 바로 폐기 처분해야 하기 때문에 어쩔 수 없이 발생하는 금액으로 점주에게는 상당히 부담스러운 비용이라 할 수 있겠다.

이로 인해, 일부 점포를 오래 운영한 점주들은 재계약을 하면서 공사가 필요할 시 잔존가가 다시 발생할 수 있는 인테리어에 대한 공사보다는 고정된 철수비가 발생하는 집기 위주로 교체를 요구하는 경우를 자주 볼 수 있다.

③ 집기는 언제 폐점을 하든 정해진 철거 보수비가 발생한다

인테리어 공사와 함께 중요한 부분이 바로 집기 도입이다. 집기는 카운터, 진열대, 냉장고 등 주로 상품이 진열되기 때문에 매출에 큰 영향을 끼치는 항목이라 할 수 있다.

그리고 이러한 집기의 경우 인테리어에 부과되는 잔존가와는 다르게 추후 폐점하게 되면 단순히 철거 보수비가 발생하게 된다. 즉, 인테리어 부분은 재사용이 불가능하기에 어쩔 수 없이 남아 있는 잔존가를 부과하지만, 집기의 경우 폐점하게 되더라도 보수하면 추후 다른 점포에서 재사용할 수 있기에 본부에서는 정해진 철거 보수비만 받는 것이다. 그리고 이러한 집기 철거 보수비는 점포에 있는 집기의 종류와 수

량에 따라 다르게 정해지지만, 일반적으로 20평 기준 300~350만 원 정도의 비용을 생각하면 된다.

여기에서 주의힐 점은 집기에 대한 칠거 보수비가 인테리어 잔존가와 비교해서 저렴할 수도 있다고 생각할 수도 있겠지만, 중도 폐점의 경우에만 저렴하다는 것이다. 이는 만약 가맹 계약 기간이 모두 만료된 후 폐점하게 된다면 오히려 더 비싸게 느껴질 수 있다. 다시 말해, 인테리어 잔존가는 60개월의 가맹 계약 기간을 모두 채우면 폐기 처분하기에 비용이 전혀 발생하지 않지만, 집기 철거 보수비는 중도 폐점이든 만료 후 폐점이든 상관없이 보수하여 재사용하기 때문에 부과되는 비용이 똑같다.

그리고 집기는 나중에 철수할 때에도 평수에 따른 금액의 차이가 생각만큼 크지 않기 때문에, 애초부터 개발 담당과 상담할 때 필요한 집기를 최대한 많이 요구하면 점포의 매출에도 큰 도움이 될 것이니 참고하길 바란다.

개점 시 추가로 요청하면 좋은 공사는?

오픈 초기에 편의점 공사를 지켜보면서 가장 아쉬웠던 것 중 하나를 얘기하자면, 바로 대부분의 예비 점주들이 본부에서 정해 놓은 내용대로만 한다는 것이다. 물론 이렇게 하라는 대로만 진행하는 점주와 대화를 나누다 보면 아는 정보가 없으니 당연히 그렇게 할 수밖에 없는 상황인 경우가 대부분이다. 그러나 사전에 좀 더 편의점 창업에 대해 공부하고 오픈했으면 하는 아쉬움은 여전히 남는다.

좀 더 구체적으로 얘기하자면, 일반적으로 공사를 진행하는 순서는 가장 먼저 본부(신규점 담당자)에서 점포의 기본적인 레이아웃(도면)을 그리고, 예비 점주에게 어떠한지 의사를 물어본 후 최종 확정한다. 레이아웃은 생각보다 복잡하며 모르는 집기도 많아 일반적으로 전문가가 아닌 이상 본부에서 그려주는 대로 따라가도 큰 문제가 발생하지 않는다.

그러나 그다음 업무부터는 편의점에 대해 얼마나 알고 있느냐에 따라 본부 비용으로 필요한 공사를 더 얻어낼 수 있을지가 판가름 나기 때문에 좀 더 신중한 분석이 필요하다. 물론 운영할 점포의 평수와 점포 앞 공간에 따라 이러한 추가적인 공사 요청이 불가능할 수도 있겠지만, 그래도 미리 알아 두면 협상 시 요긴하게 활용할 수 있으니 잘 참고하길 바란다.

① 공간이 허락하는 한 데크 공사는 반드시 진행해라

편의점 공사 시 가장 중요하게 챙겨야 하는 부분이 바로 데크 설치로, 매출 상승에 가장 큰 영향을 미치는 만큼 본부에서도 공간이 가능하다면 해 주려고 하는 항목이다. 다시 말해, 점포 앞에 조금이라도 공간이 허락된다면 데크를 설치하고 파라솔 및 원목 테이블을 비치하여 고객들이 음료를 마시거나 쉬었다 갈 수 있는 공간을 제공하는 것이다.

실제로 빠르게 물건만 구매하고 돌아갔던 예전과는 다르게 요즘의 편의점 트렌드는 점포 실내 및 실외의 휴게 공간에 대한 중요성이 점점 더 커지고 있는 만큼 반드시 초반에 본부에 이러한 휴식 공간을 요청해야 한다. 특히, 실제로 고객이 쉬었다 갈 수 있는 공간의 유무는 체류 시간을 늘려 점포의 객단가(고객 1인당 평균 구매액)를 높이는 데 가장 큰 역할을 하고 있다.

더욱이 이러한 데크 공사는 비용이 상당히 많이 발생하기 때문에 오픈하기 전 본부에 미리 요청하지 않는다면 재계약을 하지 않는 이상 운영 중간에 추가로 진행하기는 현실적으로 상당한 어려움이 있다(목공 인건비와 나무 재료비로 인해 평수에 따라 차이는 있지만, 일반적으로 400~500만 원 정도의 비용이 들어간다).

그러니 본부와 공사 레이아웃을 확정하기 전 추가적인 공사 내용을 협의할 시 가장 먼저 데크 공사를 언급하여 승낙을 받고 진행하는 게 좋다.

② 어닝은 오픈 전에 설치해야 한다

두 번째로 본부에 요청해야 할 추가적인 공사로는 바로 어닝을 들 수 있다. 어닝이란 출입문 앞부분의 상단에 설치하여 햇빛이나 비를 막을 수 있는 접이식 천막으로, 휴게 공간을 활용하는 데 있어서도 상당히 효율적인 집기인 만큼 초반에 공사를 진행할 때 함께 요청하면 좋다. 또한 이러한 어닝은 보기와는 다르게 비용이 상당히 비싸기 때문에(기본 200~300만 원) 역시 오픈하기 전에 진행하지 않으면 중간에 추가로 요청하기 어려운 항목이다.

 간혹 기존에 설치되어 있던 구형 어닝이나 고정식 어닝이 있는 경우, 본부에서 재활용하는 차원에서 그대로 보수하여 사용하자고 제안하기도 하는데, 절대 이에 응해서는 안 된다. 기존에 사용하던 어닝은 천을 바꾼다 해도 고정쇠가 언제 파손될지 모르고, 고정된 어닝의 경우는 항상 펼쳐져 있어 운영상 상당히 불편하고 청소도 하기 어려워 위생상 좋지 않기 때문이다.

 그러니 되도록 오픈할 건물에 기존에 설치된 어닝이나 고정된 어닝이 있다고 하더라도, 철수 후 새로운 어닝을 설치할 수 있게 본부와 미리 협의하는 게 중요하다.

③ 유도 간판, 에어 간판, 지주 간판 등은 중요하다

마지막으로 간판은 차량 이동이 많은 로드사이드 입지에서 특히나 중요한 공사 항목으로, 점포 몇백 미터 앞에서 위치를 알리는 유도 간판, 공기를 주입하여 멀리서도 점포를 알리는 에어 간판, 커다랗게 지주를 세워 간판을 다는 지주 간판 등은 매출에 있어서 상당한 효과를 발휘하기 때문에 오픈 전에 미리 설치되어야 한다. 이러한 간판은 본간판 이외에는 정해진 공사 항목이 아닌 만큼 개발 담당과 예비 점주가 차량의 흐름과 주변의 상권을 충분히 분석하여 추가 요청해야 한다.

 물론 이러한 본간판 이외의 홍보용 간판들은 불법인 경우가 많아 철거되는 경우도 종종 있지만, 그렇지 않고 통상적으로 어느 정도는 허용

되기도 하니 적극적으로 설치부터 해 보기를 권유한다. 그리고 이러한 홍보용 간판들은 메이저 편의점별로도 얼마나 적극적으로 설치해 주느냐에 차이가 있는데, 그중에서도 세븐일레븐은 오픈 전부터 가장 적극적으로 설치하는 편이고, 반대로 CU는 불법이라는 이유로 가장 소극적으로 대응하는 편이다.

그러니 개발 담당과 오픈 전 홍보용 간판 설치에 대해 미리 어느 정도까지 가능한지 협의하고, 설치할 위치를 사전에 정해 놔야 오픈하는 날 업무 지연 없이 바로 처리가 가능할 것이다.

6단계 점포 오픈

초도 상품 검수에는 반드시 여러 사람이 필요하다

편의점을 오픈하게 되면 예비 점주가 가장 먼저 부딪히는 문제가 있는데, 바로 초도 상품 검수 업무이다. 초도 상품이란 점포를 개점하면서 매장을 채우기 위해 들어오는 최초의 상품들로, 모든 것들이 새롭게 채워지는 만큼 그 수량과 종류, 금액이 상당하다. 그리고 여기서 일부 예비 점주들이 착각하는 부분이 있는데, 초기 상품 대금으로 1,500만 원을 본부에 납부했다고 해서 오픈에 필요한 초도 상품이 정확히 1,500만 원 어치만 입고되는 게 아니라는 점이다. 물론 점포의 크기에 따라 들어오는 상품은 조금씩 다르겠지만, 담배를 포함하여 대략

2,000~2,500만 원 내외의 상품이 있어야 어느 정도는 매장을 채울 수 있는 상태가 된다. 그렇다면 나머지 금액은 추후 추가로 지급해야 할까? 전혀 그렇지 않다. 모자라는 부분은 회계상의 상호 계산 계정으로 계리되어 초과되는 금액만큼 마이너스(-) 처리가 되고, 상품을 판매한 금액을 다시 본부에 송금하면서 조금씩 개선된다.

다시 초도 상품에 관한 얘기로 돌아가서, 처음에 상당수의 상품이 들어오고 바로 검수(들어온 상품이 기재되어 있는 전표와 실제로 들어온 상품이 정확한지 교차 확인하는 업무)를 해야 하는 만큼 많은 시간과 노력이 들어간다. 이러한 이유로 오픈하기 전 상품이 들어오는 날에는 되도록 가족이나 지인을 포함하여 가능한 많은 사람을 불러 함께 검수를 진행하여야 잘못된 부분을 확인할 수 있고, 그래야만 추후 재고가 부족하여 손해를 볼 수 있는 상황을 사전에 방지할 수 있다.

① 소모품은 별도로 빼놓고 검수해라

초도 상품을 검수할 때 가장 먼저 해 놓으면 편한 작업이 바로 소모품 분리 작업이다. 여기서 소모품이란 유니폼, 명찰, 냅킨통, 상품 칸막이, 우산 보관함 등 운영 시 필요한 각종 물품으로, 본격적으로 검수하기 전에 카운터 근처에 따로 모아 두면 나중에 한꺼번에 편하게 확인할 수 있다.

이러한 소모품은 보통 처음 편의점을 운영하려는 예비 점주는 잘 모르는 경우가 대부분이기 때문에 오픈하기 전 상품의 발주를 담당하는 본부 직원과 따로 연락하여 전체 소모품의 리스트를 받은 후 꼭 필요한 물건만 확인한 후 발주를 부탁하는 것이 좋다. 실제로 오픈한 지 얼마 되지 않은 점포에 가서 소모품을 점검하다 보면 사용하지도 않는 물품들이 쌓여 있는 경우가 많은데, 왜 시켰냐고 점주에게 물어보면 본인이 시키지 않아서 모른다는 안타까운 답변을 자주 듣는다(그러나 비용은 본인이 지불한다).

그러니 미리 필요한 소모품의 목록을 작성해서 신청해야 하고, 오픈 전날 상품과 함께 들어오면 본부 신규점 담당에게 말해 따로 빼 달라고 한 후 나중에 한꺼번에 검수하는 방법을 추천한다. 처음에는 어느 것이 상품이고 어느 것이 소모품인지 구분하기가 매우 어려우니 되도록 업무에 능숙한 본부 직원에게 따로 모아 달라고 부탁하는 편이 좋을 것이다.

② 먼저 박스(BOX)로 된 상품부터 검수하면 편하다

소모품 분리가 다 끝났다면 다음으로는 크기가 큰 상품부터 검수를 시작하면 된다. 바로 박스에 담긴 상품들이 그것이다. 예를 들어 스낵이나 컵라면 등이 여기에 해당되는데, 이러한 상품들은 예비 점주가 직접 돌아다니면서 박스가 확인되면 바로 확인하거나 진열팀에서 나온 직원이 진열하는 중이라면 확인 후 바로 체크하면 된다. 즉, 새우깡이나 꼬북칩 등 박스로 된 상품은 한 봉지만 발견해도 한 박스가 들어온 것이 되기 때문에 수월하게 검수할 수 있는 것이다(일반적으로 박스 상품은 똑같은 상품을 초도에 두 박스 이상 발주하는 경우는 많지 않기 때문에 보통은 눈에 보이는 한 박스만 검수하면 끝이다).

그러니 가장 먼저 매장을 돌아다니면서 진열대 근처에 있는 봉지 스낵 및 컵라면의 상품 박스 혹은 진열되어 있는 상품을 확인하면서 검수하고, 바로 정리하여 어수선한 매장을 치우면서 검수 업무를 하기를 추천한다.

③ 비식품은 진열이 다 끝난 뒤 마지막에 검수해라

다음으로 비식품은 되도록 다른 상품들의 진열이 모두 끝난 후 가장 나중에 검수하기를 추천한다. 면도기, 티슈, 치약, 건전지, 스타킹 등과 같은 비식품은 상품의 크기가 작고 낱개로 들어오는 경우가 일반적이라 진열하기 전 따로 박스에 있는 상품들을 찾아가면서 검수를 하였다 하더라도 나중에 추가로 발견되어 다시 검수해야 하는 번거로움이 발생하기 때문이다. 더욱이 비식품은 박스에 담겨 있는 상품들이 종류별로 비슷하게 담겨서 점포에 입고되기도 하지만 그렇지 않은 경우도 종종 있기 때문에 박스에서 하나씩 찾아서 검수하는 게 여간 어려운 일이 아닐 수 없다. 예를 들어, 한 상품이 한 박스에 다 담겨 있으면 차례로 찾아가면서 검수를 할 수 있지만, 일부는 전혀 다른 박스에 전혀 다른 상품들과 함께 담겨 있는 경우도 있어 여기저기 찾아 가며 검수하는 건 어려울 수밖에 없다.

그러니 비식품은 본부에서 나온 진열팀 직원들이 모두 진열을 끝내고 나면 카테고리별로 하나씩 검수 전표를 보면서 차례대로 확인하는 편이 시간적으로도 노력적으로도 훨씬 효율적이다.

④ 유제품 냉장고는 한 명이 전담해서 검수해라

 마지막으로 유제품 냉장고는 우유와 컵커피, 과즙 음료 그리고 핫바와 족발 등의 냉장 식품이 진열되어 있는 냉장 집기로, 보통 한 명이 전담해서 검수하면 좀 더 편하게 업무를 진행할 수 있다.

 즉, 냉장 식품은 상품의 수량과 종류가 많지 않으며 상품이 들어오면 한번에 진열할 수 있기에 본부 직원과 함께 진열하면서 동시에 검수까지 마무리하면 되는 것이다.

 그리고 보통 냉장 식품의 경우 상온 상품의 진열과 검수가 모두 끝난 후 밤에 들어오는 경우가 일반적으로, 냉장고에 따로 보관하였다가 보통 다음 날 아침에 진열팀 직원이 아닌 본부 직원이 나와서 진열하는데, 함께 진열하면서 위치도 정리하고 가격표도 꽂으면서 검수하면 편의성을 높일 수 있다.

 또한 유제품의 경우 반품이 아닌 폐기가 발생하기 쉬운 상품인 만큼 유통기한을 꼼꼼히 체크하고 진열해야 금전적인 손해를 조금이라도 줄일 수 있을 것이다. 간혹 똑같은 상품의 유통기한이 다르게 찍혀 들어오기도 하는데, 이는 바로 본부 직원에게 얘기해서 새 상품으로 교환하면 된다.

인테리어와 집기는 점검 방법이 다르다

오픈을 앞두고 모든 공사를 끝마쳤다면 다음으로 해야 할 일은 바로 해낭 공사가 제대로 진행되었는지에 대한 마무리 점검 업무이다. 보통 이러한 업무를 총평이라고 하는데, 오픈 전일 혹은 오픈 당일에 맞춰 공사에 대한 미비점이 없는지 업체 담당자들과 영업/개발 팀장 및 담당들이 나와서 함께 확인해 주는 게 일반적이다.

특히 총평을 진행할 때 도면을 확인해 가며 꼼꼼하게 점검하지 않으면 추후 추가적인 비용의 문제로 재공사가 진행되기 어렵고, 예비 점주가 원했던 부분과 전혀 다르게 공사가 진행되어 운영하면서 계속해서 불편함을 겪어야 하기에 초기에 제대로 점검해야 금전적인 손해가 없을 것이다.

다만, 너무 꼼꼼한 나머지 굳이 추후 A/S가 가능한 부분에 집중하여 정작 잘못되어 재공사가 필요한 부분은 점검하지 못하는 실수를 범해서는 안 된다. 그러니 어떤 내용의 공사를 집중해서 봐야 하고, 어떤 공사는 대충(?) 넘어가도 되는지 아는 것 역시 상당히 중요하다.

또한 아무리 점주의 마음에 들지 않는다고 해도 모든 공사 내용에서 마음대로 재공사를 진행할 수 없는 만큼, 가능한 부분의 우선순위를 미리 알아 두고 요청하면 좀 더 효율적으로 업무를 진행할 수 있을 것이다.

① 인테리어는 외관 위주로 점검하면 된다

점포 내부의 바닥, 내림벽, 천장 등의 인테리어 공사는 한 번 공사하면 나중에 다시 바꾸기가 힘들기 때문에 외관을 잘 확인하여 점검하는 것이 좋다. 즉, 바닥은 깨지거나 들뜬 부분이 없는지 하나씩 밟아 가며 체크하고, 바닥과 바닥 사이의 마감이 잘 되었는지 확인하는 식으로 점검하는 것이다. 또한 내림벽은 벽체에 파손된 부분이 없는지 혹은 지저분한 부분은 없는지 등 눈에 보이는 부분에 초점을 맞추어 점검하면 된다.

인테리어는 추후 점포에 방문하는 고객들의 눈에 바로 보이는 부분으로, 불편함을 불러일으키거나 외관상 지저분한 이미지를 주면 매출에 영향을 줄 수 있으므로 특히나 좀 더 꼼꼼하게 확인해야 한다. 또한 인테리어 공사는 혹여 그냥 놔두었다가 나중에 시간적 여유가 있을 때 재공사를 해야겠다고 생각했다가는 기존 공사 부분에 대한 잔존가를 점주가 부담해야 하기 때문에 오픈 전에 제대로 확인하여 초반에 본부 비용으로 재공사가 이루어지게끔 협의하는 게 상당히 중요하다.

② 집기는 사용 방법에 집중해서 듣는다

음료 냉장고(워크인), 도시락/유제품 냉장고, 아이스크림 냉동고, 중앙진열대 등의 집기는 인테리어와는 다르게 눈에 보이는 외관의 문제보다 사용 방법 위주로 체크하고 설명을 들으면 된다. 그 이유는 집기의 경우 주로 상품을 진열하는 용도로 사용되기 때문에 외관이 그다지 중요하지 않을뿐더러 시간이 흘러 나중에 고장이 난다고 해도 시간에 따라 마모되는 소모품이 아닌 이상 대부분 본부 비용으로 수리 및 교체가 충분히 가능하기 때문이다.

그러니 집기는 공사를 담당한 업체 담당자와 함께 기본적인 부분을 점검하면서 집기(냉장고)별로 적정 온도는 어느 정도인지, 문제가 발생했을 때 어떻게 대처해야 하는지, 진열대는 어떻게 설치/해체하는지 등 사용 방법 위주로 설명을 듣는 게 좋다.

더욱이 집기는 인테리어처럼 나중에 발생하는 비용이 남아 있는 잔존가가 아니라 철거비로 계산되고, 추후 운영하면서도 필요한 집기를 본부에 추가로 요청할 수 있기 때문에 외관에는 크게 신경 쓰지 않아도 된다. 다시 말해, 미관도 중요하지 않고 나중에 본부에 다시 돌려주어야 하므로 작동만 잘 되면 운영하는 데 크게 문제가 없다.

③ 미비된 공사는 일정을 정해서 확인해라

본부 및 업체 담당자와 함께 인테리어와 집기에 대한 점검을 어느 정도 완료했을 때, 만약 원했던 부분과 다르게 진행된 미비점이 발견되었다면 본부에 추가로 재공사를 요청하면 된다. 편의점 공사는 그 비용을 대부분 본부에서 부담하기 때문에 예비 점주가 원한다고 해서 운영하는 중간에 아무 때나 공사를 요청하는 건 불가능하다. 그리고 그런 만큼 초반에 잘못된 부분을 정확히 찾아내어 바로 재공사를 요청해야만 추가로 점포에서 비용을 부담하지 않을 수 있다.

그리고 여기서 중요한 부분은 바로 점검한 부분을 영업 담당과 협의할 때 언제까지 재공사를 마무리해 줄 것인지 정확한 일정을 잡고 움직여야 한다는 점이다. 그렇지 않으면 브랜드별 편의점에 따라 처리해 주는 속도가 다르긴 하지만 자칫 몇 달이 지나도 개선되지 않는 경우가 종종 있기 때문이다. 그러니 되도록 초반에 꼼꼼히 점검하여 재공사 일정을 정확히 요청해야 한다. 만약 분명히 잘못된 부분이 있거나 처음에 원했던 내용과 다르게 공사가 진행되었는데도 본부에서 재공사를 거부한다면 점주는 오픈 자체를 거부하고 처음부터 다시 재협의를 진행하면 된다.

신점 담당과는 초반 기틀을 잡아야 한다

 매장에 대한 공사를 마무리한 후 편의점을 오픈하고 운영을 시작하면 이제부터 본격적으로 본부의 인력 지원을 받게 된다. 가장 대표적으로는 매주 방문하여 점포 관리를 해 주는 영업 담당이 있지만, 그전에 신규점의 경우 좀 더 빠르게 자리 잡을 수 있도록 기초적인 부분부터 교육해 주는 신점 담당이 따로 있다. 신점 담당을 통해 어떠한 업무를 하는지 그리고 어떤 부분에서 도움을 받으면 되는지 등을 미리 알아 두면 보다 효율적으로 운영할 수 있을 것이다.

 보통 이러한 신규점은 편의점별로 관리해 주는 시스템이 약간씩은 다르지만, CU는 신점 담당이 오픈한 후 해당일 포함 3일 정도 기초적인 교육을 진행해 주고 다음으로 신규점 영업 담당이 와서 다시 3개월 정도 기본적인 내용의 재교육을 진행해 주는 방식으로 이루어져 있다. 그리고 이렇게 교육이 다 마무리되면, 이제는 점포의 매출을 집중적으로 분석하며 매출을 올리는 역할을 하는 영업 담당에게 인수인계된다.

즉, 최초 오픈 후 신점 담당 → 신점 영업 담당 → 영업 담당 순으로 업무 인수인계가 진행되며, 각각의 역할에 맞게 예비 점주에게 교육을 진행하거나 점포를 관리해 주는 것이다.

다만 여기서 알아 두면 좋은 부분은, 물론 담당별로 다루는 일은 크게 다르지 않고 비슷하겠지만 그래도 본인들만의 좀 더 능숙한 업무가 따로 있는 만큼 해당 담당자의 주 업무를 미리 파악하여 궁금한 사항을 물어보거나 필요한 부분을 요청하면 빠르게 일 처리가 가능하여 좋을 것이다. 특히나 신점 담당과 신점 영업 담당의 경우, 오픈 초기에 와서 얼마 지나지 않아 영업 담당에게 업무를 인계하는 만큼 중요한데, 시기를 놓치면 다시 만나기가 어려우므로 반드시 담당자가 있을 때 필요한 업무를 모두 마무리하는 것을 추천한다.

① 계산하는 방법, 발주 및 검수 등의 교육을 받는다

신점 담당과 신점 영업 담당의 가장 중요하고 많은 부분을 차지하는 업무 중 하나는 바로 교육이다. 물론 예비 점주는 오픈 전 본부에 가서 일정 기간 교육을 받고 오긴 하지만, 교육장에서 받는 단순하고 틀에 박힌 교육과 현장에서 고객을 응대하는 실전은 전혀 다르다. 더욱이 연세가 높은 어르신들의 경우 아무리 교육을 잘 받는다 해도 돌아서면 잊어버리기 때문에 오픈하고 직접 운영하려고 하면 전혀 생각나지 않는 경우가 대부분이다. 이러한 현상은 예비 점주별로 어느 정도 나이의 차이는 있겠지만 많은 점주가 겪는 현상이므로 너무 걱정하지 않아도 된다.

이러한 교육에 관련된 부분은 신점 영업 담당보다는 주로 신점 담당의 업무에 속한다. 가장 기초적인 포스 사용 방법(계산하는 방법)부터 상품 발주 방법, 입고된 상품 검수 방법, 시간대별 매출 확인 방법, 카테고리별 상품의 판매 순위 보는 방법 등 운영하면서 반드시 알아야 할 내용 위주로 집중적인 교육을 받게 된다. 또한 이론적인 교육뿐만 아니라 홍보물 부착, 가격표 출력, 집기별 적정 온도 확인 및 고장 시 대처 방법 등 실무적인 내용의 교육도 포함되어 실질적으로 운영하는 데 있어서 반드시 알아야 할 모든 내용을 알려 준다고 보면 된다.

이렇듯 신점 담당은 주로 교육적인 부분에 특화된 만큼, 신점 담당이 점포에 머무는 기간 동안 포스나 (발주용) 컴퓨터를 최대한 사용해 보면서 모든 버튼을 클릭해 보고 모르는 부분이 생기면 계속해서 물어보는 게 좋다.

② 추가적으로 필요한 상품을 발주한다

이 부분은 주로 신점 영업 담당의 업무로, 내 점포에 맞는 상품을 찾아가는 과정이라고 할 수 있다. 보통 일반적으로 신규점을 오픈하면 발주를 전담하는 본부 직원은 가장 기본적인 상품들 위주로 초도 상품을 도입하게 된다. 이때 물론 어느 정도는 입지나 상권에 따라 특성화된 상품도 발주하겠지만, 입지가 어중간하고 다양하게 섞여 있다면 그냥 어느 입지에서나 잘 팔리는 상품들 위주로 채우게 되어 있다. 처음 오 픈하는 점포에서는 어떠한 상품이 잘 나갈지 모르기 때문에 이러한 발 주 방식은 어쩌면 당연하다고 할 수 있는데, 중요한 건 바로 다음에 이 어질 작업으로 상품을 최적화하는 것이다.

 최적화는 기존에 받아 두었던 일반적인 상품들을 계속해서 판매하면 서 기록된 데이터를 바탕으로 내 점포에서 잘 팔리는 상품 위주로 추려 내는 작업이다. 예를 들어, 내 점포에서 처음에는 새우깡 두 줄과 양파 링 두 줄을 같은 페이스로 진열했다고 가정한다면, 2~3개월 동안 운영 하면서 판매 데이터를 확인했을 때 새우깡이 잘 나가면 새우깡 세 줄에 양파링 한 줄로 바꾸고, 반대로 양파링이 더 잘 나가면 새우깡 한 줄에 양파링 세 줄로 바꾸는 작업을 하는 것이다.

 이러한 작업은 고객의 요구를 정확히 파악할 수 있는 방법이므로 굉장 히 중요하다. 즉, 계속되는 상품의 분석 및 변화를 바탕으로 내 점포의 고객들은 주로 어떠한 상품들을 좋아하며 이에 따라 앞으로 어떤 (신) 상품들이 인기가 있을지도 쉽게 선별할 수 있게 되는 것이다. 또한 초 기에 이런 식으로 계속해서 상품을 보고 진열을 변경하면서 초보 점주 들은 빠르게 상품의 위치를 파악할 수도 있게 된다.

 그러니 반드시 오픈하고 초기 3개월 동안은 신점 영업 담당과 함께 고 회전 상품과 저회전 상품을 분석 및 구분하여 영업 담당이 오기 전에 반드시 상품의 자리를 잡아 두어야 할 것이다.

③ 상권 및 인근 경쟁점을 분석한다

마지막으로 신점 영업 담당의 주요 업무로는 주변 상권에 대한 분석과 인근 경쟁점을 확인하는 것이다. 이 작업은 가장 중요한 업무이지만 아쉽게도 가장 챙기지 않는 부분으로, 반드시 신점 영업 담당과 함께 진행해야 한다.

좀 더 구체적으로 설명하자면, 우선 주변 상권에 대한 분석은 주로 내 점포에 방문하는 고객은 어디서부터 오는지, 그 주변에서는 무엇이 있는지, 어디까지가 내 고객인지 등을 분석하는 것이다. 그리고 이러한 분석은 점주 혼자서 하기보다는 신점 영업 담당과 함께 하는 것이 좋다. 왜냐하면 점주는 점포에서 고객을 응대하며 고객이 어디서 오는지 알아내야 하며, 그 후 신점 영업 담당은 직접 그 위치까지 방문하여 주변에 무엇이 있는지 등을 확인해야 하기 때문이다. 여기에 더해 그곳에 학생들이 많은지, 직장인들이 많은지 등 고객층까지 확인하면 금상첨화라 할 수 있겠다.

실제로 편의점을 운영해 보면 알겠지만, 오픈하고 운영을 시작하게 되면 내 점포에만 신경을 쓰느라 주변에는 생각보다 관심을 많이 가지지 못할 것이다. 그러나 안타깝게도 내가 아무리 잘해도 인근에 경쟁점이 생기거나 주변 상권을 제대로 파악하지 못한다면 내 점포의 상품이나 서비스 면에서 빠르게 대응하기 힘들게 되고, 시간이 지나면서 매출이 점점 빠지는 악순환이 될 수밖에 없다.

그러니 반드시 오픈하고 3개월 전에는 본부 직원과 함께 상권에 대한 분석을 좀 더 세밀히 진행하여야 하고, 특히 내 점포와 경쟁점 사이의 위치가 어디인지, 그 중간 고객들을 어떻게 내 쪽으로 유인할 수 있는지 고민해 봐야 할 것이다.

오픈 초기 개점 행사는 반드시 진행해라

이제 정식으로 나만의 편의점을 오픈하였다면 본격적으로 고객들에게 내 점포에 대해 홍보하는 일이 남아 있다. 편의점의 경우 다른 업종에 비해 경쟁이 상당히 심한데, 주변에 다수의 경쟁 편의점이 존재하다 보니 고객들은 당연히 집에서 가까운 점포로 가는 것이 일반적이다. 더욱이 편의점은 특성상 음식점과는 다르게 맛이나 질로 차별화하여 멀리서도 고객을 불러올 수 있게 하는 업종이 아닐 뿐만 아니라 새우깡, 콜라, 신라면 등 많은 상품을 주변 편의점들과 똑같은 가격에 판매하기 때문에 멀리 있는 고객들을 내 점포로 오게끔 하는 일은 여간 어려운 일이 아닐 수 없다. 이러한 이유로 초기 개점 행사를 통해 인근 고객들을 내 점포에 방문하게 하는 업무는 다른 업종보다도 특히나 중요하다고 할 수 있으며, 그렇게 한 번 방문한 고객은 친절한 서비스로 확실한 단골 고객으로 만들어야 함은 두말할 필요조차 없다.

그리고 물론 메이저 편의점은 대부분 초기에 점주와 함께 어느 정도의 행사를 진행하겠지만 전혀 진행하지 않는 브랜드도 있다. 또한 단순히 '만 원 이상 구매 시 종량제 봉투 증정'과 같은 형식적으로 행사를 진행하는 곳도 있는 만큼 좀 더 세밀한 분석을 통해 내 점포와 어울리는 행사를 진행하는 게 효율적이라 할 수 있겠다.

① 자주 방문하게끔 하는 쿠폰 행사

요즘에는 편의점별로 자사 앱을 통해 쿠폰 행사를 진행하는 게 일반적이지만, 아직 핸드폰과 같은 기계에 익숙하지 않은 중장년층 어르신들에게는 종이로 된 오래된 쿠폰 방식도 나름 효과적으로 이용되고 있다. 특히 이러한 쿠폰 행사는 점포를 자주 방문하게 만드는 데(고객의 수를 늘리는 데) 효과적이며, 추후 충성스러운 단골 고객을 확보하기 위해 상당히 중요한 방법이다.

특히나 처음 편의점을 오픈하면 인근 경쟁 편의점 때문에 우리 점포로 방문하기가 힘든 상황에서 작은 혜택으로 인해 고객의 방문을 유도할 수 있고, 더욱이 쿠폰을 찍어야 혜택을 받을 수 있으므로 재방문으로까지 유도가 가능한 것이다. 예를 들어, 커피 매출이 좋은 입지라면 커피 구매 시마다 도장을 찍어 주고 다섯 번째에는 무료로 커피를 증정하거나, 일정 금액 이상 구매 시 도장을 찍어 주고 다섯 번째에는 라면을 증정하는 등 간단한 방식으로도 고객과 친해질 수 있는 것이다(요즘엔 앱이 많이 활성화되었다지만, 필자는 지금도 직접 대면해서 고객과 대화를 나누며 도장을 찍어 주는 아날로그 방식을 더 추천한다).

② 공짜로 받는 즐거움 증정 행사

두 번째로는 쿠폰처럼 저렴한 금액의 구매 고객에게 여러 번의 방문을 유도하는 게 아니라 어느 정도 금액대가 있는 제품을 구매하는 고객에게 즉석에서 바로 상품을 무료로 증정하는 행사를 하는 것이다. 이 방법은 쿠폰처럼 자주 방문하게 하는 효과는 없지만, 오픈 초기에 경쟁점의 고객을 바로 우리 점포로 끌어올 수 있는 가장 강력하고 확실한 방법이라 할 수 있다. 예를 들면 술/담배 제외 만 원 이상 구매 시 신라면 5입 증정이라든지, 맥주 4캔 구매 시 숏다리 증정 등의 행사를 들 수 있다.

이러한 증정 행사는 쿠폰처럼 자주 방문해야 하는 행사를 번거로워하는 고객들에게는 매우 효율적이라는 장점이 있으나, 첫 구매 시 점주가 확실한 서비스를 통해 단골 고객으로 만들지 않으면 행사 종료 시 다시 재방문으로 유도하는 게 생각보다 어렵다는 단점도 가지고 있다.

그러므로 되도록 증정 행사는 점주의 성격이 상당히 외향적이거나, 주변에 연령층이 높고 객단가가 높은 고객들이 주로 많은 입지에서 진행하는 게 효과적일 것이다.

③ 차별화를 위한 저가형 상품 모음 진열 행사

마지막으로 저렴한 상품들을 전면에 배치하여 진열하는 방식은 가장 비용이 들어가지 않는 방법으로, 비록 위의 방법들보다는 효과가 약하지만 초반에 고객에게 점포를 홍보하기에는 나름 가성비 좋은 행사라 할 수 있다.

예를 들어, 점포에 들어가자마자 가장 먼저 보이는 진열대(P-END 진열대)에 저가형 상품들을 모아서 진열한다든지, 별도의 진열대를 점포 내부/외부에 설치하여 대량 진열한다든지 하는 방식이 바로 그것이다. 또한 이런 저가형 상품들이 인지도가 떨어져 잘 팔리지 않거나 생각보다 호응이 약할 거 같다면 굳이 저가형 상품으로만 행사를 진행할 필요는 없다. 다시 말해, 진열 상품을 잘 팔리는 상품으로 변경해서 가격을 낮추어 행사를 진행해도 된다. 즉, 주택가 입지에서 신라면을 행사 상품으로 삼고 싶다면 오픈 기념으로 특정 기간에만 가격을 1,000원에서 800원으로 내리고 대량으로 모음 진열하여 판매하면 되는 것이다(물론 매가를 변경할 시에는 본부 직원과 상의해야 한다).

그러면 편의점은 원래 비싸다는 이미지를 조금은 완화할 수 있으며, 인근 경쟁점과의 차별화도 어느 정도 할 수 있으니 일석이조라 할 수 있다.

영업 담당의 방문 일정은 사전에 협의해라

프랜차이즈 편의점 운영의 가장 큰 장점이라고 하면 바로 본부 영업 담당의 정기적인 점포 관리를 들 수 있다. 이러한 영업 담당을 GS25에서는 OFC(Operation Field Counselor), CU에서는 SC(Store Consultant), 세븐일레븐에서는 FC(Field Counselor)라고 칭하는데, 이들은 매주 1~2회 정도 점포에 방문하여 각종 필요한 컨설팅을 해 준다. 즉, 이러한 영업 담당의 점포 지원으로 인해 편의점을 처음 운영하거나 전산 등의 시스템에 취약한 중장년 점주들도 여러 시행착오나 큰 어려움 없이 오픈한 후 바로 매출을 올리는 일에만 집중할 수 있게 되는 것이다.

영업 담당은 매월 내 점포에 맞는 행사 상품을 선정하고 진열을 도와주거나, 홍보물의 정비를 해 주고 상품에 대한 최신 트렌드를 알려 주는 등 점포와 관련된 거의 모든 업무를 지원해 주는 역할을 한다. 또한 고객 클레임이 들어왔을 때 대응해 주거나 인근 경쟁점을 방문하여 차별화할 수 있는 방안을 찾아 주는 등의 세밀한 업무까지 진행해 주기도 하니 편의점을 운영할 때 없어서는 안 되는 고마운 존재라 할 수 있다.

① 방문이 가능한 요일을 협의해라

이러한 영업 담당들과 친분을 쌓기 위해서는 우선 정기적으로 얼굴을 보고 만나는 것이 중요하다. 물론 영업 담당의 경력이나 업무 능력에 따라 자주 방문할 수도 있고, 그렇지 않을 경우도 있지만, 대부분의 메이저 편의점 본부에서는 적어도 일주일에 한 번은 반드시 방문하도록 지도하고 있으니 크게 걱정할 필요는 없다.

영업 담당과 가장 먼저 해야 할 일은 내 점포에 매주 방문하는 요일을 정하는 것이다. 물론 일부 점주들은 본인이 근무하는 날에는 아무 때나 상관없다고 하며 자유롭게 면담 일정을 잡는 경우도 종종 있지만, 이러할 경우 사전에 협의할 내용이나 부탁할 사항들을 준비해야 하는 시간이 부족할 수도 있으므로 특히 초보 점주들에게는 되도록 정해진 요일에 영업 담당의 방문을 요청하는 것을 추천한다.

그렇지 않으면 필요한 요청 사항이 있었는데(가격표 용지, 홍보물 등) 갑자기 영업 담당이 방문하여 받지 못하게 되거나, 점주가 없을 때 방문하여 아무런 컨설팅도 받지 못하는 상황이 발생할 수 있으니 사전 요일 협의는 필수라 할 수 있다.

② 되도록 한가한 시간으로 잡아라

영업 담당과 면담할 요일을 어느 정도 정했다면, 다음으로는 방문하는 구체적인 시간을 얘기해 줘야 한다. 해당 요일에 아무 때나 방문하면 되는 것을 왜 이렇게 까다롭게 하냐고 반문할 수 있겠지만, 전혀 그렇지 않다. 영업 담당과의 면담은 최소 한 달에 4번, 일주일에 1번 진행되는 중요한 시간이다. 이 시간에는 주변 점포들의 매출 추이, 최신 트렌드 상품, 판매가 우수한 핫한 상품 등 수많은 소중한 정보를 얻어낼 수 있다. 그런데 만약 이렇게 중요한 면담 시간을 한창 바쁠 때로 잡으면 어떻게 될까?

우리나라의 편의점 시스템은 대형으로 운영되는 일본과는 다르게 대부분 점주 혹은 스태프 혼자서 일하는 1인 근무 시스템이라 할 수 있다. 즉, 위와 같은 상황이 발생하면 점주는 카운터에서 고객들을 접객하기 바쁠 것이며, 영업 담당 역시 정신이 없는 가운데 본인이 필요한 업무만 보고 다른 점포로 이동하는 안타까운 상황이 발생하는 것이다. 물론 편의점을 운영하다 보면 어느 시간대든 고객의 방문이 없을 수는 없겠지만, 되도록 한가한 시간대에 영업 담당의 점포 방문 일정을 요청하여 최대한 많은 면담과 각종 다양한 업무를 하는 것을 추천한다.

③ 필요한 자료는 미리 알려 주어라

이렇게 면담 요일과 시간을 구체적으로 잡았다면, 좀 더 효율적인 업무 진행을 위해 알아 두어야 할 부분이 있다. 바로 필요한 자료나 홍보물 등은 면담일 전주 금요일이나 늦어도 방문하는 주의 월요일에는 사전에 담당에게 알려 주어야 한다는 것이다. 편의점 영업 담당들의 업무 특성상 사무실에서 내근하는 시간보다 밖에서 점포를 돌아다니는 시간이 월등히 많기 때문이다. 즉, 사무실에는 일주일에 많아 봐야 한두 번 정도 밖에 들어가지 않는 것이 보통이다. 따라서 점포에 부착할 코팅이 필요한 홍보물이 필요하다거나 각종 매출에 대한 서류가 필요하다거나 할 때는 미리 알려 주어야 원하는 일정에 맞추어 받아 업무를 원활히 진행할 수 있다. 그렇지 않으면 자칫 일정이 일주일 이상 늦어지고, 이로 인해서 하고 싶은 행사 역시 늦춰지는 안 좋은 상황이 벌어지기도 하기 때문이다(할인 및 증정 행사에 대한 홍보물이 없으면 상품이 있어도 진행하기가 어렵다). 그러니 되도록 필요한 부분에 대해서는 가능한 한 일찍 영업 담당에게 알려 주는 게 좋다. 실제로 어느 점주는 매주 금요일에는 영업 담당에게 다음 주에 필요한 내용을 문자로 알리는 날로 정해서 업무를 진행한다고 하는데, 이는 상당히 효과적인 업무 방식이다.

Part 3.
입지 및 상권 분석

코로나19 이후 매출이 오르는 입지가 달라지고 있다

코로나19는 개인의 삶의 방식을 송두리째 바꿔놓았을 뿐 아니라 자영업을 하는 사장님들의 인생 또한 흔들어 놓을 만큼 심각한 이슈였다. 편의점도 예외는 아니었는데, 기존에 잘되던 매장의 매출이 반토막 나고, 힘들었던 입지에서 갑자기 고객이 급증하기도 했다.

그렇다면 구체적으로 어떠한 입지의 매장이 큰 타격을 입고 있을까?

잘 살펴보고 초보 창업 희망자들은 이러한 입지의 신규 출점은 주의하도록 하자.

① 유흥가 입지

매장 주변에 주점 및 저녁 위주로 문을 여는 음식점이 있는 입지로, 코로나19 이후 타격을 가장 많이 받은 경우이다. 실제로 5인 이상 모임 금지, 밤 21시 이후 영업 금지, 업종 특성상 배달 불가 등 여러 가지 요인으로 인해 엄청난 매출 하락이 발생하고 있는데, 코로나19 이전 대비 70% 이하의 매출을 기록하고 있을 정도로 심각하다. 또한 일반 직장에서도 본부 차원에서 회식을 금지 및 자제시키는 상황이 대부분이라 숙취 음료 및 주류 등 객단가가 높은 유흥가 입지로서는 그 하락폭이 상당하다 할 수 있다. 게다가 지금도 그렇고 앞으로도 점점 집에서 마시는 '홈술'이 대세로 자리 잡을 것이고, 이러한 분위기는 코로나19가 종식된다고 해도 유지될 만큼 예전만큼 밖에서 회식을 하는 문화가 다시 일어날지 의문이 들 수밖에 없는 상황이다.

② 대학·학원가 입지

학원가 역시 코로나19로 인해 상당한 매출 하락을 겪고 있고 앞으로의 전망 역시 좋지 않다. 중고등/대학생들의 등교·등원 금지가 가장 큰 원인인데, 방학으로 인해 학기 중에 최대한 매출을 많이 올려야 월세를 감당할 수 있는 입지 특성상 학기 중 매출이 저조는 운영에 있어서 상당한 어려움을 주기 때문이다. 그중 다행히 초중고 인근에 위치한 매장은 월세가 높은 편이 아니라 버틸 수 있겠지만, 대학가는 월세도 높고 학기와 방학 기간에 매출 차이가 상당한 편이라 타격이 더욱 심했기 때문에 신규 입점 시 철저한 분석이 필요하다. 또한 대학가의 경우 기숙사 증축, 학교 내 메이저 편의점 입점, 학교 밖 원룸가 경쟁에 따른 공실 발생 등 다양한 원인으로 예전의 대학가라는 이름에 비해 실속은 많이 줄어들었다. 뿐만 아니라 앞으로도 화상 강의 등으로 인한 등교 축소로 인해 점점 더 매력은 떨어질 것이다.

③ 로드사이드 입지

필자가 처음으로 편의점 창업을 시작하려는 예비 점주에게 가장 추천하지 않는 입지이다. 우선 로드사이드는 코로나19뿐만 아니라 상권에 따라서도 상당히 영향을 받기 때문이다. 예를 들어 인근의 공장이 있어 트럭 등의 차량 이동이 많아 매출이 높은 매장의 경우, 그 앞에 경쟁점이 개점하는 순간 매출은 순식간에 70% 이하로 감소한다. 겨우 딱 한 점포만 생겨도 이러한 현상이 발생하며, 더욱이 로드사이드는 차량 이동에 따른 동선의 문제로 이렇게 경쟁점이 생기는 순간 대응할 수 있는 방안이 많지 않다는 단점도 있다. 두 번째로 코로나19로 인한 경기침체에 따른 일거리 부족으로 이동 차량의 감소를 들 수 있는데, 역시 이 또한 마케팅 등 대응할 수 있는 수단이 거의 없는 게 현실이므로 초보자의 입장에서는 되도록 자제해야 할 입지라 할 수 있다.

다만 편의점 경력이 5년 이상 정도로 노하우가 있는 분이라면 군부대 인근, 관광지로의 이동 통로 등을 잘 분석하여 개점한다면 독점으로 상당한 고매출을 볼 수 있는 입지이기도 하다. 실제로 외곽 군부대 인근 매장에서 300만 원 내외의 매출이 발생하는 경우를 흔히 볼 수 있다.

상권을 분석할 때 이것만은 알아 두자

편의점을 개점하기 위해서는 우선 매장의 위치를 선점해야 하는데, 이때 상권을 보는 몇 가지 항목을 볼 수 있는 능력이 있다면 좀 더 수월하게 좋은 입지를 찾을 수 있을 것이다. 물론 편의점 본부에서 사전에 상가를 찾아서 임대차 계약을 맺었다면 점주는 몸만 들어가 영업하면 되지만, 본부가 찾은 자리가 무조건 좋다는 보장도 없기에 이러한 경우에도 사전에 체크리스트를 만들어 이 항목을 적용하면 100% 좋은 곳은 아니어도 편의점을 하기에 나쁜 위치의 매장 정도는 걸러 낼 수 있으니 참고하기 바란다. 특히 편의점을 처음 해 보고 본부가 아닌 점주가 직접 임대차 계약을 해서 개점하고 싶다면 더욱 신경 써서 아래의 항목들을 살펴보아야 한다.

① 매장 앞 인도의 폭

 개점하고 싶은 상가가 있다면 우선 점포 앞 인도의 폭이 어느 정도인지 확인해야 한다. 물론 폭이라고 해서 정해진 길이가 있는 건 아니지만, 대충 걸어 다니다 보면 일반적인 인도보다 좁은지 넓은지는 누구나 파악할 수 있을 것이다. 그리고 이러한 도로의 폭을 확인하는 이유는 그 도로가 사람들이 머무는 인도인지 흘러가는 인도인지 확인하기 위함이다. 일반적으로 도로의 폭이 좁다면 차량의 이동이 사람들의 이동보다 많거나 해당 길목이 사람들의 주이동 동선이 아니라는 뜻이다. 또한 사람들이 이동하게 되더라도 인도가 좁기 때문에 누구와 얘기를 하거나 만나거나 할 수도 없을 것이니 빠르게 지나치게 될 것이다. 이러한 위치에 편의점을 연다면 어떻게 될까? 아마 인도가 좁아 점포가 사람들의 눈에 잘 띄지도 않을뿐더러 빠르게 지나다니는 사람들 틈에서 우리 점포를 방문하기는 쉽지 않을 것이다.

② 매장 앞 도로의 차선 수

 상가 앞이 대로변이라면 앞쪽에 있는 도로의 차선 수를 확인해야 한다. 그 이유는 반대쪽에서 고객이 올 가능성이 있는지의 여부를 확인하기 위함으로, 내 매장 쪽의 상권만으로도 충분히 매출이 나올 정도라면 굳이 신경 쓸 필요는 없다. 그러나 그렇지 않다면 반대편에 있는 사람들도 상당히 중요하기 때문에 이 부분도 확인해야 한다. 보통 도로의 차선 수가 일방 3차선, 왕복 6차선 정도의 큰 대로라면 일반적으로 반대쪽에서 이동하는 사람들은 특별한 목적이 있지 않은 이상 잘 건너오지 않는다. 즉, 그 정도의 도로에서는 반대편에서 물건을 구입하기 위해 내 매장으로까지 건너오지 않는다는 것이다. 또한 이 정도의 차선에서는 차량의 이동 속도도 빠를 것이기 때문에 도로가 넓다면 상가쪽 상권만으로도 충분할지 반드시 확인하고 진행해야 할 것이다.

③ 매장에 차를 세울 수 있는 주차 공간

요즘에는 차량을 이용하는 사람들이 많기 때문에 상가 앞에 주차 공간이 있느냐 없느냐의 차이는 매출에 상당한 영향을 미친다. 특히 사람보다는 차량의 이동이 많은 곳에서 주차 공간까지 없다면 매출은 거의 발생하지 않을 것이다. 그러니 주택가나 학생들이 많은 학원가 입지, 회사 근처에 있는 오피스가를 제외한다면 매장 앞에 어느 정도의 주차 공간은 있는 게 좋다. 반대로 주로 차량이 많이 이동하는 길목에 주차 문제로 인해 감시 카메라가 있다면 더욱 신중히 입지 분석을 해야 할 것이다. 걸어 다니는 사람을 잡을지, 이동하는 차량을 잡을지 그리고 차량이라면 주차에 대한 공간을 마련해야 함을 반드시 기억해라.

④ 차량 이동이 많은 큰 사거리의 코너는 피해라

필자가 가장 싫어하는 입지 중 하나이다. 보통 도시에 가면 차량 이동이 굉장히 많은 넓고 큰 사거리가 몇 개씩 있다. 그리고 이곳은 이동이 많아 차량도 꽤 많이 막힌다. 누가 봐도 번화가이기 때문에 좋은 위치라 생각할 수 있다. 그러나 편의점 위치로써는 최악이다. 위에서도 말했지만 걸어 다니는 사람을 잡을지 이동하는 차량을 잡을지부터 결정되어야 한다. 그렇다면 큰 사거리 코너는 당연히 이동하는 차량이 훨씬 더 많을 것이다. 그러나 문제는 그 차량이 코너의 입지 탓에 주차를 할 수 없다는 데 있다. 즉, 코너에 위치해 기가 막히게 잘 보이고 좋지만 아이러니하게도 아무 차량도 그 앞에서 차량을 세우고 물건을 구매할 수 없다는 것이다. 결국 월세만 비싸고 매출이 저조할 확률이 매우 높다. 그러니 이러한 자리는 통신사한테나 넘기고 우리는 다른 곳을 찾아보도록 하자.

⑤ 주변 주택 및 아파트 세대수

마지막으로 당연한 얘기 같지만, 상가 인근에 사는 주민들의 세대수를 확인해야 한다. 주택이면 상가 주변 내 고객이 될 곳까지 확인한 뒤 주택당 보통 2~3명이 거주하니 수를 곱하면 될 것이고, 아파트라면 되도록 500세대는 넘는 곳으로 선택하는 게 좋다. 여기서 주의할 점은 아파트는 세대수가 정해져 있으니 분석이 수월하지만 주택은 조심해야 한다. 아무리 세대수가 많아도 혼자 사는 노년층이 많은 오래된 빌라촌이라면 아무 의미가 없다. 그러니 특히 단독주택이 많은 입지에 오픈하고 싶다면 세대수와 동시에 연령/객층에 대한 분석도 동시에 진행해야 한다.

상대 점포의 매출을 알면 들어갈 자리가 보인다

 편의점 창업을 하고 싶다면 먼저 매출이 잘 나올 만한 좋은 자리를 알아보는 것부터 시작해야 한다. 보통은 수변 상권을 보고 경쟁점이 있는지 확인하는 게 일반적인데, 반드시 경쟁점이 없는 게 좋다고 할 수는 없다. 왜냐하면 경쟁점이 있고 그 매장이 오랫동안 운영하고 있다면 어느 정도의 매출이 나오고 있다는 증거일 테니 인근에 추가로 개점해도 안정적으로 매출을 볼 수 있기 때문이다. 즉, 애초부터 상권을 분석할 수 있는 능력이 되어 경쟁점 없이 독점으로 매출을 뽑느냐, 잘 모르니 아예 매출이 높은 경쟁점 인근으로 들어가 적정 수준의 매출을 올리느냐의 선택인 것이다. 다만 상권을 잘 분석하여 독점 상권으로 입점한 뒤에도 언제든 경쟁점은 들어올 수 있으니 어떤 면에서 본다면 후자가 오히려 안정적이라 할 수 있겠다. 그렇다면 지금부터 개점하기 전 경쟁점의 매출을 확인할 수 있는 몇 가지 방법에 대해서 알아보도록 하겠다.

① 경쟁점에 들어가는 상품 박스를 관찰해라

 편의점에 있어서 경쟁점의 매출을 가장 확실하게 알아볼 수 있는 방법은 바로 매장에 상품이 입고될 때 같이 들어가는 배송 박스의 수량을 세는 것이다. 편의점의 특성상 매일매일 발주해서 상품을 받는데, 매출이 높은 매장일수록 받는 상품의 양이 많을 수밖에 없다. 즉, 며칠 동안 해당 매장 밖에서 상품이 들어오는 시간에 맞춰 상품 박스의 개수를 확인하면 매출이 어느 정도 나오는지 알 수 있다. 물론 초보자의 경우 어느 정도의 박스 수량이 많은 것인지 잘 모를 수 있으니 몇 개의 매장과 함께 관찰하는 것이 좋다. 또한 단순히 발주를 놓치거나 부피가 큰 상품들이 들어와서 수량이 많다고 착각할 수 있으니 반드시 며칠 동안 반복적으로 관찰해야 한다. 그리고 상온 상품의 양이 많아 관찰이 힘들 경우, 팁을 주자면 간편식사의 박스 수량을 확인하는 것도 좋은 방법이다. 대체로 도시락, 김밥, 샌드위치 및 유제품 등의 판매가 많은 점포일수록 매출이 높을 확률이 상당히 높기 때문이다.

② 경쟁점에 방문하는 주요 객층을 파악해라

두 번째로 경쟁점에 주로 방문하는 객층이 어떤 부류인지도 매출에 상당히 영향을 끼친다. 즉, 해당 매장에 자주 들르는 객층이 초등학교 이하 어린 학생층이거나 연령층이 높다면 매출이 적다는 증거이니 우선 배제하는 게 좋다. 이유는 우선 어린 학생층의 경우 객수는 상당히 많을 수 있으나 그에 반해 객단가가 상당히 낮아서 노동 대비 매출이 오를 가능성이 희박하고, 노년층은 대부분 구매 품목이 소주나 담배일 뿐만 아니라 방문 횟수도 아주 적기 때문에 영향이 미비하기 때문이다. 그렇다면 어떠한 객층이 편의점에서는 가장 좋을까? 바로 고등학생들이나 젊은 남성 및 여성과 중년 남성이다. 이들은 편의점을 가장 많이 이용해 본 경험이 있어 방문이 잦고 익숙하며, 돈을 쓰는 데 있어서 어느 정도 자유롭기 때문이다. 특히 40대 이상 중년 남성층은 구매 시 객단가가 상당히 높기 때문에 경쟁점의 주요 고객이 이러하다면 매출이 어느 정도 나오고 있다고 보면 될 것이다.

③ 경쟁점의 가장 피크 시간대 객수를 확인해라

마지막으로 경쟁점 매출을 확인할 때 필요한 점검 사항이 바로 피크 시간대의 객수를 확인하는 것이다. 보통 하루 종일 바쁜 점포는 거의 없을 것이며, 주로 특정 시간대에 고객이 몰리는 것이 일반적이다. 그리고 여기서 그 특정 시간대의 시간과 객수가 중요한데, 바로 얼마나 오래가느냐를 알아야 하기 때문이다. 즉, 학교나 학원 인근에 있는 점포는 주로 하교 시간에 학생들이 몰려 상당히 바쁠 것이다. 다만 문제는 이러한 입지는 학생들이 몰리는 딱 30분에서 1시간 정도만 바쁘다는 것이다. 더욱이 이런 학생층은 말했듯이 객단가가 낮고 몰리는 시간대도 상당히 짧아 해당 점포의 매출이 낮을 가능성이 크다. 그러면 어떠한 시간대에 매출 피크인 점포가 좋을까? 바로 퇴근 시간에 맞물려 18시부터 22시까지 고객이 몰리는 입지가 좋다. 이러한 시간대에 방문하는 고객은 주로 직장인이거나 젊은 남녀인 경우가 많아 객단가가 상당히 높고, 특히 이 시간대에는 술 판매가 많아서 안주 등과 함께 매출 자체가 높기 때문이다. 그러니 경쟁점을 관찰할 때, 주간보다는 야간에 고객이 더 많다면 해당 점포는 어느 정도 매출이 나올 가능성이 높으니 개점 시 참고하면 될 것이다.

Part 4.
브랜드 선택

젊은 이미지와 상품에 진심인 GS25

GS25는 1990년 12월, 럭키금성(호남정유)의 계열사인 희성산업이 서울특별시 동대문구 회기동에 1호점(경희점)을 열면서 시작되었다. 당시 상호는 'LG25'로 2005년 GS가 LG그룹에서 분리될 때 쇼핑 부문을 GS리테일로 받아오면서 현재의 이름으로 바꾸었다. 2010년에 오리온의 바이더웨이가 롯데그룹에 인수되어 세븐일레븐에 합병되어 소멸된 후에는 한동안 유일한 대한민국의 토종 편의점이었으나, 2012년 8월 훼미리마트가 일본과 결별하고 상호를 CU로 바꾸면서 현재는 CU와 함께 대한민국형 편의점으로 통하고 있다.

① 운영하는 상품의 종류가 많고, 각종 지원에 적극적이다

GS25의 가장 큰 장점이라고 하면 역시 많은 종류의 상품을 들 수 있다. 물론 다른 경쟁사에서도 운영하는 상품의 종류를 점점 더 늘리고 있지만, 그래도 아직까진 GS25가 가장 월등하다고 할 수 있겠다. 특히 비식품의 종류가 상당히 많은 편인데, 각종 문구류나 심지어 망치와 같은 공구도 운영이 가능할 정도로 다양한 상품을 갖추고 있다.

그리고 이러한 다양한 상품의 구색이 중요한 이유는 바로 점포의 매출과 연결되는 가장 중요한 요인 중 하나이기 때문이다.

실제로 GS25의 현재 점포당 일 매출이 메이저 편의점 3사 중 가장 높은 이유가 바로 다양한 상품을 갖추고 있기 때문인 것은 같은 업종에 종사하는 누구라도 다 알고 있는 사실이다. 또한 세븐일레븐이 경쟁사

와 개점하기 위해 경쟁할 때, CU와 붙었을 때는 상품 종류와 다양함을 집중적으로 강조하지만, GS25와 붙었을 때는 반대로 상품으로는 전혀 어필하지 못하는 게 현장의 분위기이다(상품의 다양함과 신상품의 초기 도입 기간에서 조금씩 그 격차가 줄어들고 있긴 하지만, 아직까지 메이저 편의점별로 보자면 GS25 〉 세븐일레븐 〉 CU 순서이다). 또한 이러한 상품 도입에 대한 본부의 금전적인 폐기 지원 역시 경쟁사 대비 높은 편이기 때문에 점주들은 새로운 상품을 도입할 때 확실히 타사 대비 부담이 덜 되고, 이에 따라 신상품의 초기 도입률도 상당히 높은 편이다.

그러니 상품에 대한 욕심이 많거나 다양한 종류를 운영하고 싶은 예비 점주라면 당연히 GS25를 선택하는 게 가장 적절한 판단이라 할 수 있겠다.

② 핫한 신상품을 가장 많이 출시한다

요즘에는 편의점에서도 자체적으로 브랜드인 PB상품을 만들거나 다른 회사와의 콜라보를 한 상품들이 인기를 끄는 경우를 자주 볼 수 있다. 예를 들어, 예전의 곰표맥주를 시작으로 가수 박재범이 만든 원소주나 버터맥주, 메이플스토리 빵 같은 경우는 재고가 없어서 못 팔 정도로 많은 인기를 얻고 있으며, 일부 상품의 경우 현재에도 많은 고객이 구매를 원하지만 부족한 재고로 인해 그냥 돌아가는 실정이다.

그리고 이러한 새로운 인기 상품을 가장 많이 출시하는 브랜드 역시 GS25이다. 물론 다른 경쟁사 역시 곰표맥주, 연세우유크림빵, 디지

몬 빵 등의 인기 상품을 계속해서 개발하고 있지만, 확실히 인기를 얻는 상품의 종류에서 GS25에는 역부족인 모습을 보인다. 그리고 이러한 핫한 신상품의 출시는 유행에 민감한 MZ세대와 같은 젊은층의 유입으로 이어지고 있으며, GS25에 가장 젊은 편의점이라는 인식을 심어 주게 되었다.

③ 1+1 행사 상품의 종류가 상당히 많다.

1+1 행사는 매출에도 엄청난 도움이 되며, 내 점포 인근에 경쟁 편의점이 있을 때 내 점포를 차별화할 수 있는 가장 강력한 무기이기도 하다. 실제로 편의점 데이터를 확인해 보면 같은 상품임에도 행사를 진행한 기간과 그렇지 않은 기간의 판매량은 실로 엄청난 차이를 보이고 있다(점포에서 확인할 수 있는 가장 대표적인 상품으로는 칸타타와 티오피 커피를 들 수 있는데, 맛과 품질에 상관없이 행사를 진행하는 상품의 매출이 급격히 상승하는 모습을 보인다).

그리고 이렇게 중요한 매월 진행하는 행사 상품의 종류에 있어서 이마트24를 제외하면 GS25가 가장 우수하다고 할 수 있다. 물론 단순히 행사를 진행하는 상품의 숫자만을 비교하자면 이마트24가 가장 많으나, 고객들에게 인기가 있으며 실제로 점포에서 팔릴 만한 상품으로만 본다면 GS25가 좀 더 많은 편이다. 매월 행사를 진행하는 상품의 종류가 성수기에는 많고, 비수기에는 조금 줄어드는 경향은 있지만, 일반적으로 300개가 넘는 1+1 행사 상품을 운영하면서 평균적으로 메이저 편의점 중 상위권을 유지하고 있다(단순 숫자로만 본다면 평균적으로 이마트24 〉 GS25 〉 세븐일레븐 〉 CU 순서이다). 그리고 이러한 이유로 인해 내 점포 인근에 경쟁 편의점이 들어온다고 했을 때 GS25라고 하면 상당히 부담을 느끼는 게 현장의 분위기이다.

④ 공사에 대한 지원이 좋고 피드백이 빠르다

이 부분은 본부에서 지원해 주는 점포 공사의 추가적인 지원과 문제가 발생했을 시 추후 관리에 관한 내용으로, 상품은 매장에서 운영 중인 상품의 수와 신상품의 종류가 고객의 만족도와 연관된다면 공사는 점주의 만족도와 연결된다고 할 수 있겠다.

좀 더 구체적으로 말하자면, 우선 GS25의 경우 집기의 품질이 상당히 우수하다. 컵아이스(아이스크림 냉동고)만 봐도 경쟁사의 경우 고장이나 실수로 전원이 꺼져 아이스크림이 녹아도 직접 확인하지 않으면 알 수 없으나, GS25의 집기는 점포 내에 원격 감지기가 있어 전원이 꺼졌을 때 본부 고객센터로 바로 연락이 가고 다시 점주에게 연락을 주어 아이스크림이 녹지 않도록 사전에 방지하도록 한다. 또한 편의점에서 내려 마시는 원두커피 기계는 경쟁사와는 비교도 되지 않을 정도의 고가의 집기로, 본부의 지원이 경쟁사 대비 적극적인 편이다.

또한 가장 중요한 부분으로 피드백을 들 수 있다. 운영하면서 고장이 나거나 추가로 필요한 집기나 공사가 있을 때 GS25는 상당히 빠르게 대처해 주고 있어 점주들의 만족도가 상당히 높다(반대로 CU는 초기 공사도 그렇고 추가로 도입되는 집기에 있어서도 예산을 핑계로 지연되거나 거부하는 경우가 많은 편이다). 이러한 공사에 대한 부분은 운영 시 점주에게 상당한 스트레스 및 손해로 남을 수 있는 만큼 브랜드 선택 시 중요한 요소 중 하나라 할 수 있겠다.

⑤본부의 점포 관리 능력이 우수하다

점포 관리 능력이라고 하면 영업 담당의 컨설팅 능력이라고 할 수 있겠다. 물론 이러한 인적 시스템에 대해서는 절대적이라기보다는 영업 담당이 누구냐에 따라 달라질 수 있으므로 객관적인 장점이라 할 수 없겠지만, 본부의 교육에 따라서도 어느 정도 달라질 수 있는 부분이기에 브랜드별로 비교해 보고자 한다.

우선 편의점을 어느 정도 다니는 사람이라면 평균적으로 GS25의 점포 상태가 가장 우수하다는 사실을 알 수 있을 것이다. 여기에는 점주가 얼마나 꼼꼼하고 청결한 성격이냐에 따라서도 달라질 수 있지만, 점포 앞에 있는 행사 상품이나 각종 홍보물, 점포 내에 있는 다양한 간편 식사(도시락, 김밥, 햄버거 등) 등을 살펴보아도 평균적으로 GS25는 운영 상태가 좋은 편이다.

이는 우선 본부의 통일된 정책(진열 및 홍보물) 덕분이기도 하지만, 영업 담당이 관리하는 점포의 숫자도 영향을 미친다 할 수 있다. 즉, 영업 담당이 관리하는 점포가 많으면 많을수록 방문할 시간이 적어지기 때문에 신경 쓸 여력이 그만큼 떨어질 수밖에 것이다. 그런 면에서 보자면 점주 수가 비교적 많은 CU와 세븐일레븐과 비교하면 당연히 우수할 수밖에 없는 것이다.

그리고 편의점을 처음 운영하는 예비 점주의 경우 영업 담당이 어떠냐에 따라 매출이나 관리 등 모든 면에서 차이가 생길 수 있는 만큼 브랜드를 선택할 때 역시 중요한 부분이라 할 수 있겠다.

가장 많은 점포 수와 높은 이익률의 CU

현재의 CU는 모기업 보광그룹이 1989년 편의점 사업을 발족한 이후 1994년 12월 (주)보광훼미리마트로 출범했다. 초기에는 일본의 편의점 체인점인 훼미리마트와 라이센스 계약을 맺어 1990년 서울시 송파구에 1호점 가락시영점을 개점했다. 2000년대에 업계 최초 4,000호점을 달성하고, 금강산 관광특구와 개성공단 지구에도 지점을 열었으며, 이동형 편의점 '트랜스포머'를 출점하는 등 편의점 업계를 선도하는 회사로 자리 잡았다.

2011년에는 국내 최초 6,000호점을 달성하였으며 2012년에는 일본 훼미리마트 본부와 라이센스 계약 종료 후 (주)BGF리테일로 사명을 변경하고 당사의 독자 브랜드 'CU'를 런칭했다. 그 뒤 1호점으로 서울시 송파구에 올림픽광장점을 개점했으며, 2017년에는 국내 편의점 업체 최초로 해외 진출에 성공하고 이란 내 첫 편의점인 엔텍합애만 CU 1호점을 열었다.

① 가장 많은 점포 수를 운영 중이다

CU는 22년 말 기준 우리나라에서 가장 많은 편의점 점포를 가지고 있으며, 그 숫자는 대략 17,000점에 가깝다. 단일 브랜드로는 실로 엄청난 숫자라 할 수 있겠다. 이러한 점포 수 측면에서는 2위 경쟁점 GS25와 300여 점 차이로 그다지 크지는 않으나, 여전히 점포 수에서는 선두를 달리고 있다.

그리고 여기서 말하는 점포의 양은 단순히 운영 중인 숫자가 크다는 것을 의미하지 않는다. 오히려 점주의 입장으로 본다면 점포 수가 많다는 것은 내 점포 인근에 경쟁점이 많다는 의미로 오히려 단점으로 생각할 수도 있을 것이다. 그러나 좀 더 큰 그림으로 보자면 점포가 많다는 것은 그만큼 본부 차원에서 마케팅을 진행하기가 수월하고, 업체들과의 협업에 있어서 좀 더 우월하게 업무를 진행할 수 있다는 뜻이기도 하다. 또한 많은 점포에서 많은 상품을 팔 수 있기 때문에 상품을 납품하는 업체와의 이익률 협상에서도 당연히 우위를 점하고 대화에 임할 수 있을 것이다. 이러한 예로, 곰표 및 연세우유 회사와의 협업으로 인기 상품인 곰표맥주나 연세우유크림빵 등 독자적인 상품들을 만들거나 다양한 은행과의 협업을 통한 '은행 업무가 가능한 편의점' 등의 시도 역시 이러한 장점을 최대한 살린 효과적인 마케팅이라 할 수 있다.

② 높은 이익률을 자랑한다

CU의 가장 큰 장점이라고 한다면 바로 담배를 제외한 일반 상품의 높은 이익률이라 할 수 있다. 물론 매년 약간씩의 차이는 있겠지만, CU

에서 운영 중인 점포 전체의 평균 이익률은 32% 정도로, GS25 31%, 세븐일레븐 29~30%에 비해서도 높으며, 28~29%의 이익률을 보이는 이마트24와는 무려 3% 이상 차이가 난다. 이러한 이익률이 중요한 이유는 바로 매월 본부로부터 받는 이익금에서 차이가 나기 때문이다. 즉, 메이저 편의점별로 같은 금액의 상품을 팔더라도 이익률의 차이로 인해 매월 받을 수 있는 이익금이 줄어들거나 늘어나는 상황이 발생하는 것이다. 예를 들어 이익률의 차이로 CU에서 일 매출이 100만 원 나온다면, 이마트24는 120만 원 정도의 일 매출이 나와야 이익금이 비슷하게 맞춰진다는 얘기이다. 또한 오픈 초기 본부로부터 지원금을 받는 경우를 비교하자면, 이러한 이유로 인해 만약 CU에서 매출이익의 2%를 정률로 지원받는다면 세븐일레븐에서는 적어도 4%는 받아야 똑같은 출발선상에서 시작하게 되는 것이다.

이렇게 이익률에서 차이가 발생하는 것은 위에서도 언급했듯이 점포 수의 차이 때문이기도 하지만, CU는 전체적으로 운영하는 상품의 종류가 대체로 이익률이 높은 상품 위주이며, 매월 진행하는 1+1 행사 상품의 종류가 메이저 편의점 중 가장 적기 때문이기도 한 만큼, 무조건 좋은 것은 아니니 신중하게 결정해야 할 것이다.

③ 운영하기가 가장 무난하다

CU는 현직 점주들 사이에서도 운영하기가 가장 무난하다는 얘기를 많이 듣는 브랜드이다. 계산하는 포스기나 발주 및 정산, 매출 분석 등의 업무를 하는 컴퓨터 시스템, 영업 담당의 점포 관리 등 여러 부분에서 기본은 된다는 얘기이다. 실제로 현장에서는 비교적 젊은층에 속하는 예비 점주들은 GS25를 희망하지만, 중년 이상의 연령대에서는 CU를 선호하는 분위기가 우세인 것도 같은 이유에서이다. 특히나 전산 시스템의 경우 자주 사용하면서 익숙해지면 대부분 어렵지 않게 느껴지겠지만, 사용자 편의 부분에서 CU의 프로그램은 좀 더 단순하고 직관적으로 만들어져 있어 나이가 좀 있는 점주들도 사용하기에 편하다는 평가가 많다.

또한 매주 방문하는 영업 담당의 관리도 무난한 편에 속한다. GS25의 OFC는 좀 더 깐깐하고 원칙주의이며, 세븐일레븐의 FC는 많은 점포 수를 관리하기 때문에 방문하는 횟수도 적고 소홀한 데 반해, CU는 가장 평균적인 수준의 관리를 해 주고 있다(물론 이 부분은 영업 담당의 성격이나 능력에 따라 다른 필자의 개인적인 생각이지만, 주변에서 운영하는 점주들의 평을 들어 보면 위와 같은 내용이 많은 것 또한 사실이니 참고 정도만 하길 바란다).

공격적인 투자의 세계 1등 편의점 세븐일레븐

코리아세븐(주)은 1988년 5월 21일에 설립되었으며, 미국의 사우스랜드(현 7-eleven INC.)사와 기술 도입 계약을 체결하고 1989년 5월 서울특별시 방이동 올림픽 선수촌 아파트 내에 국내 최초의 편의점 세븐일레븐을 열었다. 그 후 1994년 8월 롯데쇼핑(주)에서 인수하였고, 1997년 6월에는 (주)롯데리아로 합병되며 (주)롯데리아 편의점사업본부로 상호를 변경하였다. 1999년 4월에는 (주)롯데리아로부터 분리하여 코리아세븐(주)으로 다시 설립되었다. 2000년 1월에는 코오롱마트 (주)에서 운영하던 편의점 사업 부문(로손 편의점)을 인수하며 점포 수가 500개를 돌파했고, 2001년에는 업계 최초로 점포 수 1,000개를 달성하기도 하였다.

2010년에는 대한민국 프랜차이즈 편의점 바이더웨이와 2021년에는 일본계 편의점 미니스톱을 통합하여 현재는 총 13,000여 점으로 CU, GS25와 함께 명실상부한 우리나라 3대 메이저 편의점으로 등극하게 되었다.

① 상품에 대한 품질이 좋고 다양하다

세븐일레븐의 가장 큰 장점이라고 하면 상품의 종류가 다양하고, 맛이나 품질이 굉장히 좋다는 점을 들 수 있다. 그중에서도 특히 간편식사류를 꼽을 수 있는데, 도시락이나 삼각김밥, 샌드위치 등에 들어 있는 내용물이 우수하다는 평가가 많다. 그리고 이러한 이유 중 하나로는 세븐일레븐이 일본계 기업이기 때문이라는 얘기도 있다. 즉, 아직까지는 간편식사 상품에 있어서 일본 편의점의 맛과 품질을 따라갈 수 없는 상황인데, 세븐일레븐은 일본계 기업이기 때문에 이러한 노하우를 어느 정도 배울 수 있기 때문일 것이다. 그래서 그런지 도시락이나 삼각김밥의 경우 반찬의 종류라든지 내용물의 양에서 세븐일레븐은 경쟁점 대비 높은 평가를 받고 있다.

또한 세븐일레븐은 자체적으로도 많은 PB상품을 만들어 내고 있는데, 빵부터 컵라면, 과자, 커피 등 거의 모든 카테고리에서 사신만의 브랜드 상품을 만들어 내고 있다.

이러한 자신감 때문인지는 몰라도 세븐일레븐은 신규점을 오픈하는 데 있어서 CU와 경쟁이 붙으면 항상 상품을 앞세우는 경향이 강하다고 볼 수 있다.

② 공사에 대한 지원이 가장 적극적이다

세븐일레븐은 신규로 오픈하는 점포의 공사에 있어서 가장 적극적인 모습을 보여 주고 있다. 다시 말해, 오픈하는 점포에 가장 많은 돈을 투자하며 공사를 진행해 준다는 얘기다. 일반적으로 (특히 CU의 경우) 초기 공사를 진행하는 데 있어서 각종 비용 문제로 인해 추가적인 공사가 생기면 본부에서 거부하는 경우가 많지만, 세븐일레븐은 집기의 종류나 인테리어, 간판 등에 있어서 최대한 많은 지원을 해 주며 오픈을 시킨다.

특히 멀리서도 내 점포가 보이게끔 하는 지주 간판이나, 점포까지 몇 미터가 남았는지 알려 주는 유도 간판 등 멀리서도 점포를 홍보할 수 있는 공사의 경우 CU는 법적인 문제나 추가적인 비용 발생으로 크기를 축소하거나 아예 거부하는 경우가 많은데, 세븐일레븐은 개점하기 전에 미리 점포 인근에 유도 간판을 설치하고 공간이 가능한 점포에는 가장 큰 지주 간판을 설치해 준다. 또한 일반 파라솔이 아닌 원목 테이블도 최대한 본부의 지원으로 여러 개를 점포에 넣어 준다. 이러한 이유로 오픈 점포에 가 보면 세븐일레븐은 집기가 상당히 많고 인테리어가 고급스러운데, 이는 본부의 적극적인 지원 덕분이라 할 수 있다.

③ 초기 지원금을 가장 많이 준다

메이저 편의점마다 그리고 경쟁에 따라 약간씩 차이는 있지만, 오픈할 때 초기 지원금으로 매월 일정액을(%) 지원금으로 준다고 하였다. 그리고 이런 지원금은 대체로 세븐일레븐이 가장 많이 준다. 물론 이러한 지원금 자체는 점포의 입지에 따라 조금씩 다르겠지만 일반적으로 같은 위치에 점포를 개점한다고 가정한다면 평균적으로 세븐일레븐이 높다는 얘기이다(지원금은 점주 임차형의 경우 편의점끼리 경쟁이 붙으면 높아지고, 본부 임차형의 경우는 입지가 나쁘면 나쁠수록 점주를 구하기가 어렵기에 추가적인 지원금을 많이 줘서라도 오픈을 시키려고 한다).

물론 지금은 아니지만, 예전에 한창 메이저 편의점별로 경쟁이 심할 때는 물건(오픈할 점포)만 있으면 돈이 거의 없어도 세븐일레븐의 초기 지원으로 오픈이 가능할 정도였으니, 역시 '롯데는 롯데'라는 얘기가 나올 정도였다.

특히 점주가 직접 임대차 계약을 맺고 편의점을 오픈하는 경우, 본부에서 초기 일시금을 지원해 주고 오픈시키기도 하니 잘만 활용한다면 적은 금액으로도 충분히 편의점을 창업할 수 있을 것이다(이 일시금 역시 단순히 숫자로만 본다면 메이저 3사 중 세븐일레븐이 가장 높은 편이다).

운영 시간이 자유롭고 인테리어가 예쁜 이마트24

이마트24는 2003년 1월 설립한 소규모 프랜차이즈 편의점인 위드미 FS를 시초로 하며, 수도권을 중심으로 사업을 확장하여 2011년에 100호점을 돌파했다. 그 후 2014년 2월, 편의점 사업에 진출하려던 신세계그룹이 위드미FS를 인수했으며, 2016년 7월 1일에 법인명을 위드미FS에서 이마트위드미로 변경했다. 그렇게 이마트24는 신세계그룹의 자본을 등에 업고 전국구 체인으로 발돋움하면서 매장을 급속도로 늘리게 되었다.

특히 신세계그룹에서는 '3무(無) 원칙'을 표방하는데, 3무라는 것은 본부에 내는 로열티가 없다는 것, 365일/24시간 근무를 업주들에게 강요하지 않고 업주 재량에 맡기는 것, 가맹 계약 해지 시 위약금을 없애는 것 등 3가지 요소를 의미한다. 아무래도 CU와 GS25가 나눠 먹고 있는 편의점 시장의 후발주자이고, 모기업 신세계가 유통 분야 1위로 현금 보유량이 많은 대기업이다 보니 이런 파격적인 조건을 내거는 것으로 보인다.

① 운영 시간이 자유롭다

편의점을 다녀 본 사람이라면 누구나 알고 있듯이 이마트24의 가장 큰 장점이라고 하면 자유로운 운영 시간을 꼽을 수 있을 것이다. GS25, CU, 세븐일레븐 등 메이저 편의점들은 대부분 특성상 가맹 계약 시 24시간과 19시간 운영 둘 중에서만 선택해야 하며 그마저도 본부에서 되도록 24시간을 유도하고 19시간은 거의 안 해 주려는 상황이다. 그러나 이마트24는 이러한 제한이 전혀 없이 점포의 운영 시간을 점주 마음대로 결정할 수 있다는 장점이 있다. 즉, 이마트24는 24시간을 운영하든 10시간을 운영하든 본부의 특별한 제한이 없이 자유로운 것이다.

이러한 시스템이 가능한 이유로는 바로 본부와의 수수료 배분 방식 때문이다. 이마트24는 본부와 점포가 매출 이익을 배분율(%)로 나눠서 가져가는 방식이 아닌, 본부에 매월 160만 원(부가세 포함 176만 원)의 정액을 지급하는 방식이기 때문인 것이다.

다시 말해, 다른 메이저 편의점의 경우 이익금을 수수료율대로 나눠 갖기 때문에 점포의 매출 및 이익이 적을 경우 당연히 본부의 이익도 적어지고, 이러한 이유로 되도록 많은 시간을 운영하도록 강요하는 반면, 이마트24의 경우 매출에는 상관없이 점포로부터 매월 정액으로 금액을 받아가기 때문에 점포의 매출이 높든 낮든 상관이 없으며, 당연히 운영 시간에서도 상대적으로 자유로울 수 있는 것이다. 물론 이마트24도 P2, H1처럼 상품 매입액과 매출 이익에 따라 %로 가져가는 가맹 조건도 있지만, 대부분의 이마트24의 점주들은 정액을 지급하는 방식을 선택하여 운영 중이다(실제로 이마트24를 운영하는 가장 큰 이유로는 다른 메이저 브랜드들과 다르게 본부와의 배분율을 %로 나누지 않는 장점을 들고 있다).

② 점포 인테리어가 예쁘다

이마트24의 또 다른 장점으로는 점포의 내부 인테리어가 경쟁 편의점에 비해 예쁘다는 것이다. 일반적으로 편의점은 하얀색 LED등에 각(?)이 잡힌 깔끔한 분위기로 공사를 진행하는 게 일반적이나, 이마트24의 경우 주황색 등을 사용하거나 카페와 같은 인테리어로 꾸며 고객들에게 좀 더 안락한 느낌을 주고 있다. 물론 모든 점포가 그러한 것은 아니지만 대부분의 이마트24는 최대한 매장의 조도를 낮추고 상품 진열대의 높이를 높여 고객이 좀 더 아늑하고 편안한 분위기에서의 쇼핑을 할 수 있도록 유도하는 컨셉인 것이다.

또한 점포별로 차별화를 위해 와인 존이나 고급 원두커피 기계 등 다양한 집기를 구비하여 똑같은 편의점이 아닌 입지에 맞는 전문적인 분위기를 주어 고객의 체류 시간을 늘리기도 한다. 즉, 전통 한옥과 같은 인테리어로 외국인들을 불러오거나, 음악을 들을 수 있도록 기기를 설치해 놓거나, 바리스타를 두어 원두커피를 전문적으로 내리는 등 기존의 일률적인 인테리어의 경쟁 브랜드의 편의점과는 다른 컨셉으로 운영하려고 많은 노력을 기울인다. 그래서인지 이마트24의 점주들에게 이마트24를 선택한 이유를 물어보면 단순히 인테리어에 반했다는 점주들도 꽤 만날 수 있다.

③ 본부에 지불하는 수수료가 가장 적다

편의점이 다른 프랜차이즈 업종과는 다른 큰 특징이라고 하면 바로 본부와의 이익금 배분 방식에 있을 것이다. 프랜차이즈에 따라 본부가 초기 가맹점의 공사로 수익을 창출하는 업종, 아니면 식재료를 공급하여 수익을 창출하는 방식(음식점이나 카페는 대부분 해당 방식임) 등이 있으며, 편의점은 이와는 다르게 매월 발생하는 매출 이익에서 이익을 나누는 방식을 선택하고 있다. 즉, 편의점에서 매일 발생하는 매출의 한 달 치에 이익률을 곱해서 나온 매출 이익에서 점포와 본부의 이익을 나누는 것이다(70:30 혹은 60:40 등). 그렇다 보니 편의점은 일반 다른 업종에 비해 매월 발생하는 이익금이 상대적으로 낮을 수밖에 없으나, 반대로 이러한 이유로 인해 다른 업종에 비해 초기에 투자하는 비용 역시 낮으니 장단점이 있다고 할 수 있겠다.

그러나 이마트24는 이러한 편의점 업종의 불문율을 깨고 최초로 배분 방식을 정률(%)이 아닌 고정 금액으로 바꿔 가맹 조건을 제시하고 있다. 물론 위에서도 언급했듯이 이마트24 역시 P1, P2, P3, H1 네 가지 가맹 조건 중 P2와 H1처럼 정률(%)로 배분하는 방식이 있지만, 대부분은 고정 금액을 지급하는 방식으로 오픈하고 있다. 그리고 언뜻 보면 이 일정 금액(160만 원)이 많아 보이지만, 실제로 똑같은 조건에서 계산해 보면 아래와 같이 생각보다 금액 면에서 차이가 꽤 발생할 수도 있는 만큼 편의점에 어느 정도 경험이 있는 점주라면 예상되는 매출에 따라 이마트24도 충분히 고려해 볼 만하다.

* CU(G2타입)의 경우:

130만 원(일 매출) × 31일(영업일수) × 30%(이익률) = 1,209만 원 (매출 이익)

점포 이익: 1,209만 원 × 68%(배분율) = 822만 원

본부 이익: 1,209만 원 × 32%(배분율) = 387만 원

* 이마트24(H1타입)의 경우:

130만 원(일 매출) × 31일(영업일수) × 30%(이익률) = 1,209만 원 (매출 이익)

점포 이익: 1,209만 원 - 176만 원(고정 금액) = 1,033만 원

본부 이익: 176만 원

물론 아직은 GS25 및 CU와 이마트24를 오픈했을 시에 일 매출이나 이익률에서 차이가 발생하는 상황이다. 그러나 만약 매출이 어느 정도 나오고 혼자서도 충분히 점포 관리가 가능하다는 조건에서라면 이마트24의 이러한 고정 금액의 본부 지급 방식은 점포 입장에서는 좋은 조건이라 할 수 있다.